関西の
スパイスカレーの
つくりかた

はじめに

　本書は、関西のグルメ情報Webサイト「eoグルメ」のコーナー「関西スパイスカレーライフ～人生にスパイスを～」の一環として制作いたしました。

　この「関西スパイスカレーライフ～人生にスパイスを～」では、これまで6回にわたり関西のスパイスカレー店・店主が考案したオリジナルレシピの作り方を教わるイベント「スパイスカレー教室」を開催してきましたが、この度、これまでに習ったレシピと、新たに26人の店主に協力いただき、計32種類のバラエティに富んだスパイスカレーのレシピ集を完成させました。登場するレシピは、本書のために各店主が新たに考えだしてくれたものばかりです。肉、魚、野菜、和風のジャンルの中に、ココナッツのカレーや挽き肉を使ったキーマカレーといった馴染みのあるものから、スパイスをふんだんに使ったマニアックなものまで掲載しています。長くカレー作りを楽しんでいただけるものになっていると思います。

　また昨今、スパイスカレーの人気は全国的に広がりをみせています。その中でも特に関西のスパイスカレー店は、ひと味違った魅力があります。たとえば、自らスパイスの研究を始め店舗を構える人が多くみられたり、音楽家との交流の中でイベントを開催したり、あるいは、カレーを食べながらの落語会、観葉植物店が集うイベントをカレー店が主催といった他ジャンルとのコラボレーション、写真家とカレーにまつわるカレンダーを共作、また、店主同士の繋がりからカレー店のオリジナルTシャツを集めた展示をしたりと、自由かつ独自性のある活動を行うお店が数多くあります。

　そんなお店のそれぞれのレシピをご自宅で作って味わいつつ、関西のスパイスカレーカルチャーの一片にも触れていただけると幸いです。それでは、関西のスパイスカレーの世界を存分にお楽しみください。

※ eoグルメは2022年9月末をもってサービス終了いたします。

目 次

スパイス辞典

本書に登場するスパイスの数々。そのひとつ一つの個性や効能を知れば、さらにカレー作りが楽しくなること間違いなし。まずはスパイスに親しむことから始めてみよう。

＊スパイスの入手については、「カンサイ Spice Shop 探訪」（P.98）を参考に！

1. アジョワン
〔 Ajwain 〕

セリ科の植物の種子。華やかな香りと味に深みを持たせてくれるスパイス。やや辛みと苦みがあるが、加熱すると消える。

利用法： 豆のカレー、サモサ生地、消化促進剤

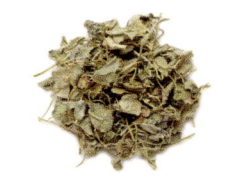

2. カスリメティ
〔 Kasoori methi 〕

フェヌグリークの葉を乾燥させたもの。シードと同様の甘い香りで、主に南アジア北部の煮込み料理に使われる。本場では生の葉も多用。

利用法： 煮込み料理、サブジ（野菜の炒め煮）

3. カルダモン
〔 Cardamon 〕

ショウガ科の植物の種子。鮮烈な香りで、酷暑の折に冷涼感を与える。煮込むと香りが半減するため、仕上げにパウダーを振りかけることも。

利用法： 肉のカレー、ラッシー、ライタ（ヨーグルトサラダ）

4. カレーリーフ
〔 Curry leaf 〕

ミカン科ゲッキツ属のカレーツリーの葉。料理の最初、あるいは最後に油で炒めて使うことが多く、コーンのような香ばしさが特徴。

利用法： ベジ料理、シーフードカレー、チャトニ（ソース）

5. キャラウェイ
〔 Caraway 〕

セリ科の植物の種子。爽快な甘い香りで、クミンと外観が似ている。インドの高級料理の世界では、ワンランク上のクミンとして重宝される。

利用法： ピクルス、肉のカレー、スープ

6. クミン
〔 Cumin 〕

セリ科の植物の種子。深い香ばしさを持ち、カレーを構成するスパイスの核となる。シード、パウダー、ローストと使い方も多様。

利用法： カレー、焼きもの、揚げ物、煮物、胃腸薬

スパイスの基本

7. クローブ
〔 Clove 〕

スパイスの中では、とても希少な花のつぼみ。バニラに似た甘い香りながらも、シャープな苦味が特徴。カレーに奥深い香りを持たせる。

利用法： カレー、焼きもの、揚げもの、歯痛薬

8. コリアンダー
〔 Coriander 〕

セリ科の植物の種子。古代エジプトから続く、世界最古のスパイスの一つ。甘くマイルドで柑橘系の香りの中にほのかなスパイシーさを持つ。

利用法： カレー、とろみ付け

9. シナモン
〔 Cinnamon 〕

クスノキ科の木の皮。さまざまな種類があり、スリランカ産は上品な香りづけに、インド産、中国産はうまみ付けと辛み付けに向いている。

利用法： カレー、スープ、ティー、デザート、和漢薬

10. スターアニス
〔 Star anise 〕

モクレン科の木の果実。八つの角を持っているため、八角とも呼ばれる。クローブとシナモンを足して割ったような辛い風味をもつ。

利用法： マトンやポークのカレー、中国の豚料理、ホルモン

11. ターメリック
〔 Turmeric 〕

ショウガ科の植物の根茎。南アジア一帯で最も多用されるスパイスの一つ。ほのかな甘みのあるものが良質とされている。

利用法： カレー、うま味付け、色付け、防腐剤、傷薬

12. ティンムル
〔 Timmur 〕

別名、ネパール山椒。ヒマラヤの麓のみでとれるスパイス。柑橘系のさわやかな香りで、日本の山椒とはまた違うピリリとした辛みを持つ。

利用法： 炒めもの、スープ

13. ナツメグ
〔 Nutmeg 〕

ニクスグ科の木の種子。臭い消しの役割と特有の鮮烈な香りを持ち、中東からインド北部、ヨーロッパなど広い地域で肉料理に使われている。

利用法： ハンバーグ、ケバブ、カレー、ソース

14. パプリカ
〔 Paprika 〕

パプリカは、辛みのない品種の唐辛子を粉末にしたもの。甘みを感じる香りを持ち、カレーに鮮やかな赤色を加えられる。

利用法： カレー、シチュー、ミートソース

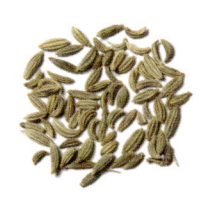

15. フェンネル
〔 Fennel 〕

セリ科の植物の種子。爽やかで甘い香りがあるため、ヨーロッパをはじめアジア全体でも、肉やシーフードなどクセの強い料理に多用される。

利用法： マトン、シーフード、ベジ料理

16. フェヌグリーク
〔 Fenugreek 〕

マメ科の植物の種子。メープルに似た香ばしい甘みを持つ。滋養強壮剤、駆風剤として使われている。

利用法： カレー、スープ、ベジ料理

17. ブラックペッパー
〔 Black pepper 〕

コショウ科の植物の果実。刺激的な香りと辛さを持ち、世界で最も多用されているスパイスのひとつ。辛み付けとして使用される。

利用法： 香りづけ、辛み付け、防腐剤

18. ベイリーフ
〔 Bay leaf 〕

クスノキ科クスノキ属の常緑樹の葉で、一般にはシナモンリーフと呼ばれているが、インド料理の場合ベイリーフと呼ぶことが多い。

利用法： スープ、カレー、シチュー、煮物、防腐剤、臭み消し

19. マスタード
〔 Mustard 〕

アブラナ科の植物の種子。辛みの強さはブラック、ブラウン、イエローの順。油と共に熱し弾かせると辛みはなくなり、香ばしくなる。

利用法： ピクルス、カレー、ねりからし、温湿布

20. メース
〔 Mace 〕

ナツメグの実を覆う皮の部分のこと。ナツメグと比べると、味も香りもかなり上品。世界で最も高級なスパイスの一つ。

利用法： ビリヤニ、肉のカレー、ソース、シチュー

21. レッドペッパー
〔 Red pepper 〕

唐辛子の総称。カイエンペッパー、チリと呼ぶことも。辛みと鮮やかな赤色を誇るカシミリーチリなど多品種に渡る。

利用法： カレー、ピクルス、全般

ちょっと上級者向きスパイス

22. アサフェティダ
〔 Assafoetida 〕

セリ科の植物の茎の樹脂。固形と粉末があり、固形は特に鼻につく臭いがする。油で炒めると旨味に変わるのが特徴。

利用法： 中東～北インドのベジ料理

23. アムチュール
〔 Amchur 〕

未熟な青いマンゴーを粉末にしたもの。フルーティな香りがあり、味は甘酸っぱい。クミンや胡椒と合わせたチャットマサラにも使う。

利用法： シーフードカレー、フルーツ、ライタ

24. ニゲラ
〔 Nigella 〕

キンポウゲ科の植物の種子。香りは強くなく、苦味と控えめな甘みを併せ持つ。カロンジ、ブラッククミンとも呼ぶ。油で炒めてから使う。

利用法： シーフード料理、ベジ料理

25. ビッグカルダモン
〔 Big cardamon 〕

ブラウンまたはブラックカルダモンとも呼ぶ。ナツメグやクローブにも負けない強い香りで、中東から北インドの肉を使った高級料理に多用。

利用法： 肉のカレー、ビリヤニ、ガラムマサラ

スパイスカレーのための
お米の話

カレーのいちばんのお供である "お米"。日本でなじみ深い「ジャポニカ米」はもちろんのこと、カレーの本場である国のお米、「インディカ米」にも注目。粘り気が少なくパラパラッとした食感や、芳しい香りがスパイスカレーとの相性抜群なので、お試しあれ。

インディカ米の代表的な品種

ジャスミンライス
〔 Jasmine rice 〕

原産国：タイ

籾の色が白く、ジャスミンの花のように見えることからこの名がついた。日本ではカレーに使われることもしばしば。

バスマティライス
〔 Basmati rice 〕

原産国：インド、パキスタン

名称は「香りの女王」というヒンディー語が由来。インドでは高級米として食され、お祝いの時に作られる米料理、「ビリヤニ」にも使用される。

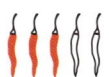
30 min

タカリ式ラムカレー

タカリ式 … ネパールの山地民族・タカリ族が作る料理のスタイル。

| 材 料 | >>> 4人分

ラム肉（ひと口大） ・・・・・・ 300g
玉葱（スライス） ・・・・・・・ 1個半
トマト（乱切り） ・・・・・・・・ 1個
ニンニク（みじん切り） ・・・・ 3カケ
生姜（みじん切り） ・・・・・・ 30g
塩 ・・・・・・・・・・・・・・ 小さじ1/2
水 ・・・・・・・・・・・・・・・ 250㎖
油 ・・・・・・・・・・・・・・・ 100㎖

ホールスパイス

Ⓐ ベイリーフ ・・・・・・・・・ 3枚
赤唐辛子 ・・・・・・・・・・・ 4本
フェヌグリーク ・・・ 大さじ1/4

パウダースパイス

Ⓑ クミン ・・・・・・・・・ 大さじ2
レッドペッパー ・ 大さじ1/4
ターメリック ・・・・ 大さじ1/4

| 作り方 |

1. トマトをミキサーにかけ、ペーストにする。

2. フライパンに油とフェヌグリークを入れ、焦がさないように熱する。

3. フェヌグリークが茶色くなったら**ホールスパイスA**と玉葱を加え、玉葱のふちが茶色くなるまで中火で炒める。

4. ターメリック、ラム肉を加え、炒める。

5. ラム肉に火が通ったら、ニンニク、生姜を加え、蓋をして3分待つ。

6. **パウダースパイスB**と塩を入れ、弱火で3分程よく混ぜる。

7. 1を加え、5分程煮込む。

8. 水分が少なくなってきたら水を加える。沸騰させて、さらに5分程煮込み、最後に塩（分量外）で味を整えれば、できあがり。

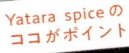
Yatara spice の ココがポイント

スパイスの香りを立たせよう

スパイスを油に入れて混ぜながら熱すると強い香りが立つ。焦がさないように、スパイスがパチパチと弾ける音をよく聞きつつ、茶色くなるまで炒め、スパイスの有効成分を引き出そう。この工程を、英語でテンパリングと呼ぶ。

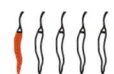

🕐 60 min

ココナッツチキンカレー

🌶

| 材 料 | >>> 4人分

鶏もも肉（2枚分）
　　　　　······500〜600g
玉葱（みじん切り）······ 大2個
ニンニク（すりおろし）····· 50g
生姜（すりおろし）······· 50g
トマト缶（ホール）······ 1/2缶
塩·········· 小さじ1と1/2
ココナッツミルク····· 200㎖
水··············· 600㎖
油··············· 50㎖

パウダースパイス

Ⓐ
クミン······· 小さじ1と1/2
コリアンダー ······ 小さじ1
ターメリック ······ 小さじ2
レッドペッパー ···· 小さじ1
ガラムマサラ······ 大さじ1

ホールスパイス

Ⓑ
クミン·········· 小さじ2
カルダモン（サヤから種を取り出しておく）·········· 小さじ2
ブラウンマスタード
　　　　　········ 小さじ2
クローブ········· 小さじ1
ブラックペッパー···· 小さじ1

| 作 り 方 |

1．鶏もも肉の皮を身から外して、ひと口大に切っていく（鶏皮は別に置いておく）。

2．**パウダースパイスA**と塩を混ぜ、それを鶏もも肉に 均一にまぶす。

3．フライパンに油と**ホールスパイスB**を入れ、中火で熱する。

4．スパイスに火が通ったら、**2**を入れ油とからめながら表面を軽く炒める。

5．火が通ったら、鶏もも肉はボウルに取り出して置いておく。同じフライパンを使い、玉葱を入れ、強火で5分炒める。

6．玉葱に色が付いたら、少しずつ水（分量外）を加え ヘラでつぶすようにし、さらに15分炒める。

7．玉葱があめ色に変わったら、ニンニクと生姜を入れ、中火で5分炒め合わせる。

8．十分に混ざったらトマト缶を加え、ヘラで潰しながら、そのまま中火で5分炒める。

9．ボウルにとっておいた鶏もも肉を加える。さらに鶏皮と水を加え、15分煮込む。

10．とろみがついてきたら、ココナッツミルクを入れて5分煮込む。

11．最後にガラムマサラを加え、煮立たせないように数分煮込んで、できあがり。

玉葱は触らず待つべし！

5の玉葱を炒める時、鍋底に敷き詰めてからは、なるべく"触らない"ようにしよう。ここで触ると、中の温度が下がり蒸し焼きの状態にならない。ジッと耐えて、あめ色になるまで待とう。

13

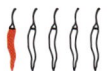

カレーちゃん家

ドライキーマカレー

20 min

| 材 料 | >>> 4人分

合挽き肉・・・・・・・・・ 400g
玉葱（粗みじん切り）・・・・・・ 1個
トマト（粗みじん切り）・・・ 1/2個
かいわれ大根・・・・・・・・ 適量
ニンニク（すりおろし）・・・・・ 8g
塩・・・・・・・・・・・・・・ 7g
油・・・・・・・・・・・・ 60㎖

ホールスパイス

A
クミン・・・・・・・・・・小さじ1/3
ブラウンマスタード
・・・・・・・・・・小さじ1/2
クローブ・・・・・・・・・・・2粒

パウダースパイス

B
クミン・・・・・・・・・・・大さじ2
コリアンダー・・・・・・大さじ3
ターメリック・・・・・・・小さじ1
レッドペッパー・・・・・小さじ1

ターメリックライス（下段参照）

生米・・・・・・・・・・・・・3合
油・・・・・・・・・・・小さじ1/2
ターメリック（パウダー）
・・・・・・・・・・小さじ1/2

| 作 り 方 |

1. 弱火で熱したフライパンに油、**ホールスパイス A** を入れ、焦がさないように小さな泡が出るまで炒める。

2. ニンニクを加えて少し炒め、さらに玉葱を加える。弱火から中火で玉葱がしんなりするまで炒める。

3. 合挽き肉を入れて中火で炒める。

4. 合挽き肉に半分程火が通ったら、**パウダースパイスB**、塩を加える。スパイスと塩が全体になじむよう、手際良く炒め混ぜる（炒めすぎないよう注意）。

5. フライパンのまわりに赤い油が出てきたら、皿に盛り付け、トマトとかいわれ大根をトッピングすればできあがり。

カレーちゃん家の
ココがポイント

ターメリックライスの作り方

①米を洗って、炊飯器の3合のラインまで水を入れてから、ターメリックを加え、まんべんなく混ぜる。
②油を加えて、スイッチを入れて炊く。

50 min

鶏ミンチとセロリの
さっぱりアジアンカレー

｜ 材 料 ｜ >>> 4人分

| 鶏ミンチ ・・・・・・・・・・・・ 400g |
| 玉葱 (スライス) ・・・・・・・ 180g |
| セロリ (ひと口大) ・・・・・・・・20g |
| ニンニク (みじん切り) ・・・3カケ |
| 生姜 (みじん切り) ・・・・・・3カケ |
| 梅干し (タネを取る) ・・・・大1個 |
| 塩・・・・・・・・・・・・・・・・小さじ2 |
| 胡椒 ・・・・・・・・・・・・・・・・適量 |
| 水 ・・・・・・・・・・・・・ 650㎖ |
| 油 ・・・・・・・・・・・・・・・50㎖ |

ホールスパイス

A
- クミン ・・・・・・・・・小さじ1/3
- カルダモン ・・・・・・・・・・・6粒
- マスタード ・・・・・・小さじ1/3
- シナモンスティック ・・・・・1本
- 赤唐辛子 ・・・・・・・・・・・4本

パウダースパイス

B
- コリアンダー ・・・・・・大さじ1
- レッドペッパー ・・・・小さじ1
- ガラムマサラ ・・・・・大さじ2
- ターメリック ・・・・・・小さじ1
- カスリメティ ※カレーリーフでも代
  用可・・・・・・・・・・・・・・・少々

｜ 作 り 方 ｜

1. フライパンに**ホールスパイス A**と油を入れ弱火で炒める。

2. スパイスの香りがして、マスタードがパチパチとなり出したら、玉葱、ニンニク、生姜を加えて強火で炒める。

3. 玉葱がしんなりしたらターメリックを入れて弱火でさらに炒める。

4. 鶏ミンチ、塩、胡椒を入れて、さらに炒める。

5. 梅干しを加えて混ぜる。全体的になじんだら、セロリを入れて強火にする。

6. 鶏ミンチに火が通ってきたら水を加える。強火にして、少し煮込み、煮立ったら火を弱める。

7. さらに**パウダースパイス B**とカスリメティを入れて5分程煮込み塩 (分量外) で味を整えればできあがり。

**スパイスカリー大陸の
ココがポイント**

本場の味に近づけるなら

本レシピにも登場するハーブ、カスリメティ。店主のアチャコさん曰く、「このスパイスを使うとグンとカレー屋さんの味に近づくことができる」のだとか。お家カレーから、インドの本場の風味にグッと近づけるかも！

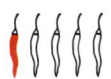

黒コショウの効いた
ポークカレー

| 材料 |　>>> 4人分

豚バラ肉かたまり（ひと口大）
・・・・・・・・・・400g
玉葱（みじん切り）・・・・・・・1個
トマト（ミキサーにかけておく）※トマト缶半分でも代用可 ・・・・・1個
ニンニク（みじん切り）・・・10カケ
生姜（みじん切り）・・・・・・1カケ
塩 ・・・・・・・・・・・・小さじ1
水 ・・・・・・・・・・・・150mℓ
油 ・・・・・・・・・・・・大さじ4

ホールスパイス

ブラウンマスタード
・・・・・・小さじ1/2
クローブ ・・・・・・・・・・4個
Ⓐ チリコルサ ・・・・・・・小さじ1
フェヌグリーク ・・小さじ1/2
シナモン ・・・・・・・・・1カケ
カレーリーフ ・・・・・・1/2枝
カルダモン ・・・・・・・・・2粒
ブラックペッパー ・・・小さじ2

パウダースパイス

ターメリック ・・・・・・小さじ1
Ⓑ レッドペッパー ・・・小さじ1
ガラムマサラ ・・・・小さじ1
クミン ・・・・・・・・・小さじ1
コリアンダー ・・・・・・小さじ1

| 作り方 |

1. クミンとコリアンダーは焙煎（P.54参照）しておく。

2. フライパンに油を入れ、**ホールスパイスA**をテンパリング（P.10参照）する。

3. クローブが膨らみ、ブラウンマスタードが弾けてきたらニンニク、生姜を加える。ニンニクに色がつくまで炒める。

4. トマトを加え、水分がなくなるまで煮詰めて酸味を飛ばす。

5. 油と水分がなじみ乳化が始まったら、玉葱を加える。

6. 1と**パウダースパイスB**を加え、塩で味を整える。

7. 豚バラ肉を加え煮込む。この時、煮詰まってくるので、水を加える。

8. カルダモンをミルにかけて粉状にする（ミルがない場合はパウダーのカルダモン小さじ1/2を加える）。ブラックペッパー、塩（小さじ1/2分量外）とともに煮込む。

9. 15〜20分煮込んだらできあがり。

虹の仏のココがポイント

じっくり待とう！

水を調節しながら、じっくり焦らず煮込もう。そうすることで、肉が柔らかくなり、玉葱の甘味も出るため、ぐっとおいしくなる！しばらく寝かせてから食べても◎。

マトンカレー

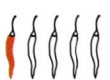

120 min

| 材料 | >>> 4人分

マトン肉 ※骨つきの鶏肉でも代用可
・・・・・・・・・・ 500g
玉葱 (薄くスライス)
・・・・・ 1/2個 (100g)
トマトピューレ ・・・・・・・・75g
ニンニク (すりおろし) ・・・・ 15g
生姜 (すりおろし) ・・・・・ 15g
塩 ・・・・・・・・・・・・・・適量
水 ・・・・・・・・ 500 〜 600㎖
油 ・・・・・・・・・・・・大さじ5

パウダースパイス

(A) [
クミン ・・・・・・・・・・小さじ2
コリアンダー ・・・・・小さじ2
ターメリック ・・・・・・小さじ2
ガラムマサラ ・・・・・小さじ2

ホールスパイス

ティンムル ・・・・・・・・大さじ2

| 作り方 |

1. 鍋に油を入れ、玉葱を加える。揚げるように、茶色くなるまで強火で炒める。

2. マトン肉を入れ、焼き色がついてきたら**パウダースパイス A** を加え、油とからめるようにして中火で炒める。

3. ニンニク、生姜、トマトピューレを加え、焦げ付かないように鍋の底から混ぜる。

4. 水を入れ、1時間半程度煮込む。
   ※ 鶏肉の場合は水320㎖で、20分煮込む

5. 煮詰まってきたら少しずつ水 (分量外) を足し、塩で味を整える。

6. ミルで挽いたティンムルを加え、5 〜 10分煮込めば、できあがり。

**ダルバート食堂の
ココがポイント**

玉葱の甘味は出さない！

玉葱は出来るだけ薄く切って、揚げるように炒めよう。そうすることで、玉葱の甘味を抑えて香りだけを引き出すことができ、本格的なネパールの味に近づく！

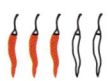

🍲 100 min

豚バラとじゃがいもの香味カレー

| 材 料 | >>> 4人分

豚バラ肉かたまり ・・・・・ 800g
※右ページ下段参照
じゃがいも（ひと口大）
・・・・・・ 3個（300g）
玉葱（みじん切り）・・・・・・・・・1個
トマト（みじん切り）・・・・・ 1/4個
ニンニク（すりおろし）・・・ 2カケ
生姜（すりおろし）・・・・・ 2カケ
無塩バター ・・・・・・・・・・ 20g
砂糖・・・・・・・・・・・・・・・適量
塩・・・・・・・・・・・・・・・・・適量
油・・・・・・・・・・・・・・・ 大さじ6

ホールスパイス

A
- クミン ・・・・・・・ 小さじ1/2
- カルダモン・・・・・・・・・・・ 5粒
- ブラックペッパー ・・・・・・ 10粒
- クローブ ・・・・・・・・・・・・ 7本
- スターアニス ・・・・・・・・・ 1個
- シナモン・・・・・・・・・・・ 2カケ
- ベイリーフ ・・・・・・・・・・・ 3枚
- 赤唐辛子 ・・・・・・・・・・・ 3本

カスリメティ ・・・・・・・・ 大さじ1

パウダースパイス

B
- クミン ・・・・・・・・・・・ 大さじ1
- コリアンダー ・・・・・・・ 大さじ1
- ターメリック ・・・・・・・ 小さじ1
- レッドペッパー ・・・ 大さじ1/2
- ジンジャー ・・・・・・ 大さじ1/2

ガラムマサラ ・・・・・・・ 小さじ1

豚バラ肉漬け込み用

ニンニク（すりおろし）・・・・・1カケ
生姜（すりおろし）・・・・・・1カケ
塩・・・・・・・・・・・・・・ 大さじ1
マスタードオイル、または油
・・・・・・・・・・・・・・ 大さじ2
ターメリック ・・・・・ 大さじ1/2
レッドペッパー ・・・・・・ 小さじ1
ガラムマサラ ・・・・・・ 小さじ1
※スパイスは全てパウダー

| 作 り 方 |

1. じゃがいもを素揚げし、油切りしておく。

2. フライパンに油を熱し、**ホールスパイスA**を入れ焦げないようにテンパリング（P.10参照）する。

3. 香りが十分出てきたところで、玉葱を入れ、茶色くなるまでしっかりと炒める。

4. 玉葱の水分が飛んだら、ニンニク、生姜、トマトを加え、表面に油が浮いてくるまで弱火で炒める。

5. 水50㎖（分量外）でペースト状に溶いた**パウダースパイスB**を入れて、5分程炒める。

6. 漬けておいた豚バラ肉を加え、水分が飛ぶまで炒める。

7. 鍋がひたひたになるくらいまで水を加えたら、1時間程蓋をして煮込む。（圧力鍋を使う場合は強加圧で3分程が目安）

8. 豚バラ肉がスプーンで切れるくらいまで柔らかくなったら**1**を加え、塩、砂糖で味を整える。

9. ガラムマサラを加え、蓋をしてじゃがいもの柔らかさを確認しながら10分程煮込んで火を止める。

10. 別のフライパンで無塩バターを溶かし、カスリメティを加え、甘い香りが十分に出るまで弱火で加熱する。

11. 鍋に**10**を加えれば、できあがり。

豚バラ肉の下準備

① 豚バラ肉を4センチ幅に切る。
② 豚バラ肉に豚バラ肉漬け込み用の材料を加え、2時間程
　漬けておく。
※お好みでスペアリブを混ぜても、おいしくいただける。

23

カレー料理店 ヒンホイ

牛・豚・鶏カレー

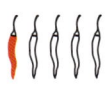

⏲ 90 min

🌶🌶🌶🌶🌶

| 材 料 | >>> 4人分

牛スジ肉（3cm程度にカット）
・・・・・・・・ 400g
豚バラ肉かたまり（ひと口大）
・・・・・・・・ 300g
玉葱（スライス）・・・・・・・・ 6個
セロリ（みじん切り）・・・・・・ 1本
ししとう（みじん切り）・・・・・ 3本
ニンジン（5ミリ角切り）・・・・ 1本
トマトピューレ ・・・・・・・・ 300g
ニンニク（みじん切り）・・・ 1カケ
生姜（みじん切り）・・・・・・ 1カケ
塩 ・・・・・・・・・・・ 小さじ2

赤ワイン ・・・・・・・・・ 200㎖
油 ・・・・・・・・・・・・ 大さじ4

鶏団子（下段参照）
鶏ミンチ ・・・・・・・・・ 300g
卵 ・・・・・・・・・・・・・・ 1個
玉葱（みじん切り）・・・・ 1/2個
生姜（すりおろし）・・・・・・ 1カケ
塩 ・・・・・・・・・・・ ひとつまみ
水 ・・・・・・・・・・・・ 450㎖

ホールスパイス
Ⓐ クミン ・・・・・・・・・ 小さじ1
カルダモン ・・・・・・・・・ 5粒
フェンネル ・・・・・・・ 小さじ1
シナモン ・・・・・・・・ 1カケ

パウダースパイス
Ⓑ コリアンダー ・・・・・ 大さじ2
ターメリック ・・・・・ 小さじ1
カルダモン ・・・・・・ 小さじ1
シナモン ・・・・・・・ 小さじ1

| 作 り 方 |

1. フライパンに油と、**ホールスパイスA** を入れ中火で少し色づくまで炒める。この時、黒くなりすぎないように注意する。

2. ニンニク、生姜、ししとうを加え強火で炒める。

3. 香りが出てきたら、スライスした玉葱を全て加えあまり動かさずに待つ。

4. 玉葱がしんなりとしてきたら中火にし、表面に油が浮いてくるまで炒める。

5. ニンジン、セロリを加えてさらに炒める。

6. ニンジン、セロリに火が通ったら**パウダースパイスB** と塩を加えて、弱火で焦がさないように炒める。

7. 牛スジ肉を入れ少し火が通ったら赤ワイン、トマトピューレを加え、中火で1時間煮込む。

8. 鶏団子に使ったお湯（スープ）を400㎖加えて強火で煮込む。

9. 沸騰したら、鍋底からよく混ぜ合わせ、再度沸騰させ20分程度定期的にかき混ぜながら煮込む。

10. 食べる15分程前に豚バラ肉を加え、5分前に鶏団子を入れできあがり。

**カレー料理店 ヒンホイ の
ココがポイント**

鶏団子の作り方
①ボールに、鶏ミンチ、卵、玉葱、生姜、塩を入れて混ぜる。
②よく混ぜたら、鍋で水を沸騰させ丸めた団子を入れて、火が通ったら取り出す。
③湯がいたお湯は捨てずにとっておく（スープ）。

スパイスカリーて

豆豉キーマカレー
（とうち）

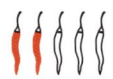

| 材 料 | >>> 4人分

合挽き肉 ・・・・・・・・・・340g
豆豉（黒大豆）※下段参照
　・・・・・・・・・・・・6〜8g
玉葱（みじん切り）・・・・・ 小1個
ニンニク（すりおろし）
　・・・・・・・・・・・・1/2カケ
生姜（すりおろし）・・・ 1/2カケ
トマト缶 ・・・・・・・・・・180g
塩 ・・・・・・・・・ 小さじ1/2
油 ・・・・・・ 大さじ3と1/2

ホールスパイス

（A）
クミン ・・・・・・・・・・ 小さじ1
カルダモン ・・・・・・・・ 7粒
クローブ ・・・・・・・・・ 7粒
アジョワン ・・・・ 小さじ1/2
ニゲラ ・・・・・・・ 小さじ1/2
マスタード ・・・・・・・ 小さじ1
ブラックペッパー
　・・・・・ 小さじ1/2
シナモン ・・・・・・・1/2カケ
スターアニス ・・・・・・ 3、4個
ベイリーフ ・・・・・・・・・1枚
赤唐辛子（輪切り）・・・ 1/2本

パウダースパイス

（B）
クミン ・・・・・・・・・・ 小さじ2
コリアンダー ・・・・・ 大さじ2
ターメリック ・・・・・ 小さじ2
カルダモン ・・・・・・ 小さじ1
レッドペッパー ・・・・・小さじ1
パプリカ・・・・・・・・ 小さじ2
ブラックペッパー
　・・・・・・・ 小さじ1/2
ガラムマサラ ・・・・・小さじ1
カシューナッツ（潰したもの）
　・・・・・・・・・ 小さじ1

| 作 り 方 |

1. 鍋に油とホールスパイスA を入れ弱火で炒める。

2. パチパチという音がしてしばらくしたら、ニンニクと生姜を加える。

3. ニンニクと生姜の香りがしてきたら、玉葱を加え強火で炒める。

4. 玉葱が茶色く色づいてきたら、ミキサーにかけたトマト缶を加える。

5. 油が浮いてきたら、パウダースパイスB とカシューナッツを入れ弱火で炒める。

6. 合挽き肉を入れ、中火で炒める。

7. 火が通ったら、下準備した豆豉とガラムマサラと塩を入れる。

8. 10分程煮込めば、できあがり。

スパイスカリーての
ココがポイント

豆豉が、もうひと味効かせる！

豆豉とは、主に中華料理で使用されることの多い、黒大豆を発酵させた食品。料理にコクと深みを足してくれる。下準備として、水でよく洗って汚れを落とし、細かく刻んでおこう。

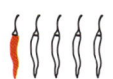

※前日の下準備あり

🕐 60 min

塩豚チャナダルカレー

チャナダル … ひよこ豆の挽きわり。

| 材料 | >>> 4人分

塩豚
豚肩ロースかたまり
‥‥‥ 400〜500g
塩 ‥‥‥‥‥‥‥ 大さじ1
水 ‥‥‥‥‥‥‥ 2ℓ程

ダルカレー
チャナダル（乾燥のもの）
‥‥‥‥‥‥‥ 200g
玉葱（スライス）‥‥‥ 中1個
トマト（粗みじん切り）‥‥ 中2個
パクチー ‥‥‥‥ お好みで

ニンニク（みじん切り、または、すりおろし）‥‥‥‥‥‥ 10g
生姜（細切り）‥‥‥‥‥ 30g
※好みによって調節

油 ‥‥‥‥‥‥‥‥ 50㎖

チャナダルを煮込む用
水 ‥‥‥‥‥‥‥‥ 1.5ℓ
塩 ‥‥‥‥‥‥‥ 大さじ1
ベイリーフ ‥‥‥‥‥ 3枚
ターメリック ‥‥‥ 小さじ1

ホールスパイス
A [クミン ‥‥‥‥‥ 大さじ1
フェンネル ‥‥‥‥ 大さじ1/2

パウダースパイス
B [クミン ‥‥‥‥‥ 小さじ1
コリアンダー ‥‥‥ 小さじ1
ターメリック ‥‥‥ 小さじ4
レッドペッパー ‥‥ 小さじ1/2
パプリカ ‥‥‥‥ 小さじ1/2
ブラックペッパー
‥‥‥‥‥ 小さじ1/2
ガラムマサラ ‥‥‥ 小さじ3
※全てを混ぜておく

| 作り方 |

塩豚をつくる

1. 豚肩ロースを100g程に切り分け、全体にしっかりと塩を揉み込み、冷蔵庫で一晩寝かす。

   ※ 半日でも可。水分が出るので、バット等にキッチンペーパーを敷き、その上に並べておくと良い

2. **1**で仕込んだ肉を鍋に入れ、たっぷりの水を加え、アクを取りながら1時間程煮る。

   ※ 一緒にセロリ等の香菜を入れても良い。また、根菜類も入れると「塩豚の根菜煮」としても楽しめる

3. しっかりと火が通ったら塩豚のできあがり。

ダルカレーをつくる

1. チャナダルを熱湯で洗った後、鍋に入れ水、塩、ターメリック、ベイリーフを加え、中火でアクを取りながら煮込む。

2. 15分程煮込んだところで生姜を加え、弱火でさらに煮込む。

3. フライパンに油を入れ、**ホールスパイスA**を加え、炒める。香りが立ってきたところでニンニクを加え、焦がさないようきつね色になるまで弱火で炒める。

4. きつね色になったら、玉葱を加え、しんなりとするまで炒める。

5. 混ぜあわせた**パウダースパイスB**を加え、香りを立たせたら、トマトを入れて、全体をなじませる。

6. 煮込んでいるチャナダルの鍋に**5**と、事前に仕込んでいた塩豚（スープもお好みで）を加え、さらに15分程煮込む。

7. お好みでパクチーを加え、ひと煮立ちさせ、塩（分量外）で味を整えて、できあがり。

森林食堂の
ココがポイント

お肉はゴロッと大きく！

塩豚のカットは、大胆にかたまりの大きめサイズがオススメ。
さらに、塩豚を煮込んだスープも出汁がよく出て旨味たっぷり
なので、お好みでプラスしてみて。

旧ヤム邸

秋牛蒡（ごぼう）の鶏キーマ

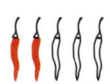 60 min

| 材 料 | >>> 4人分

鶏ミンチ ・・・・・・・・・300 g
牛蒡 ・・・・・・・・・・ 50 g
玉葱（みじん切り） ・・ 中1/2 個
セロリ（粗みじんぎり） ・・・ 100 g
トマト（粗みじん切り） ・・ 中1/2 個
ししとう（辛いのがお好みの方は青唐
辛子3本） ・・・・・・・・ 2〜3本
ニンニクの芽（粗みじん切り） ・・ 1束
ニンニク（すりおろし） ・・・・10 g
生姜（すりおろし） ・・・・・・・10 g
トマト缶（ホール） ・・・・・・100 g
塩 ・・・・・・・ 小さじ 1 と 1/2
醤油 ・・・・・・・・・・・小さじ 1

ケチャップ・・・・・・・・大さじ1
ヨーグルト ・・・・・・・・ 200 g
水 ・・・・・・・・・・・ 150 ㎖
油 ・・・・・・・・・・・ 75 ㎖

ホールスパイス

Ⓐ
クミン・・・・・・・・・小さじ1/2
カルダモン ・・・・・・・3粒
クローブ・・・・・・・・・・少々
ベイリーフ ・・・・・・・・2枚
赤唐辛子・・・・・・・ 1/2本
ブラウンマスタード
・・・・・・大さじ1/2

パウダースパイス

Ⓑ
クミン ・・・・・・・・・小さじ2
コリアンダー ・・大さじ2と1/2
ターメリック ・・・・小さじ1/2
カルダモン ・・・・・大さじ1/2
クローブ ・・・・・・・大さじ1/2

以下はあれば

レッドペッパー ・・・・ 小さじ1/2
シナモン ・・・・・・・ ひとつまみ
ガーリック ・・・・・・・・・・少々
ホワイトペッパー ・・・・・・少々

| 作 り 方 |

1. 牛蒡を洗い、大きめのささがきに切る。

2. フライパンに油を入れ、ブラウンマスタードを加える。強火にし、パチパチと音が出始めたら火をいったん止める。1分待って、ホールスパイス A としししとうを加える。

3. 再び火を付け、今度は中火で炒める。その後、ニンニクと生姜を入れる。香りが出てきたら玉葱をフライパンに入れる。玉葱が半透明になったらセロリとニンニクの芽を加える。

4. セロリと玉葱が少ししんなりしてきたら、ト

マトとトマト缶を入れる。全体がなじんだらヨーグルトを加える。

5. 弱火にして、水分と油が分離してきたらパウダースパイス B を加える。しばらくそのままで香りを出す。鶏ミンチを加えたら中火にし、牛蒡も加えてしっかりと混ぜる。

6. 鶏ミンチに火が通ってきたら水を加える。強火にして、少し煮込み、煮立ったら火を弱めて塩、醤油、ケチャップで味を整えてできあがり。

旧ヤム邸の
ココがポイント

牛蒡の洗いすぎに注意！

牛蒡の"土くささ"がおいしさの秘訣なので、洗い牛蒡よりも土牛蒡がオススメ。洗い牛蒡ならサッと流し、土牛蒡なら余分な土を手で洗い落とす。タワシを使ってもよいが、くれぐれも落とし過ぎないように！

Mr.samosa

ゴア風フィッシュカレー

30 min

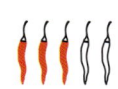

ゴア … 南インドの西海岸に位置する州。

| 材 料 | >>> 4人分

さば（ひと口大）・・・・・・・・半身
　　※さば缶（190g）でも代用可
玉葱（みじん切り）・・・・・・・2個
トマト（乱切り）・・・・・・・・2個
青唐辛子（みじん切り）・・・2本
パクチー・・・・・・・・・・・適量
ニンニク・・・・・・・・・・・4カケ
生姜・・・・・・・・・・・・・1カケ
ココナッツファイン・・・・100g
塩・・・・・・・・・・・・小さじ1/2
酢・・・・・・・・・・・・・大さじ1

水・・・・・・・・・・・・・・120㎖
油・・・・・・・・・・・・・大さじ2

ホールスパイス

A ┌ クミン・・・・・・・・・・・小さじ1
　├ コリアンダー・・・・・・・大さじ1
　└ 赤唐辛子・・・・・・・・・・・3本

パウダースパイス

B ┌ ターメリック・・・・・小さじ1/2
　└ レッドペッパー・・・小さじ1/2

| 作 り 方 |

1. フライパンにホールスパイスAとココナッツファインを入れ、乾煎りする。ココナッツファインがきつね色になるまで炒めたら、皿に移す。

2. 1をミキサーにいれ、パウダー状にする。そこに、ニンニク、生姜、水を加えミキサーを再びかけ、ペーストを作る。

3. 鍋に油を入れ、玉葱をあめ色になるまで弱火で炒める。

4. 茶色く色づいてきたら、青唐辛子、トマトを加え、鍋に蓋をする。トマトが煮崩れるまで、煮詰める。

5. 塩と2を加える。さらにパウダースパイスB、さば、酢を入れ、10分程度火にかける。

6. 煮詰まったら、皿に盛り付けパクチーをトッピングすればできあがり。

Mr. samosa の ココがポイント

あめ色玉葱の作り方

油を入れた鍋、またはフライパンで、玉葱（みじん切り）を茶色くなるまで弱火で炒める。この時、深さのあるものを使うと熱がまんべんなく伝わるので、作りやすい。

ニタカリバンチャ

ケララヴィレッジ
プロウンカレー

ケララ… 南インドに位置する地名。

⏱ 20 min

🌶

| 材料 | >>> 4人分

エビ ・・・・・・・・・・・・・ 18尾
(殻をむいて、背わたを取ったもの)
赤玉葱 (スライス) ・・・・ 3/4個
トマト (乱切り) ・・・・・・・・ 1個
青唐辛子 (カット) ・・・・・・・ 1本
ニンニク (みじん切り) ・・・ 5カケ
生姜 (みじん切り)
　　　　・・・・ニンニクと同量

塩 ・・・・・・・・・ 小さじ1〜2
水 ・・・・・・・・・・・・・・・ 200ml
油 ・・・・・・・・・・・・・ 大さじ2

ホールスパイス

マスタード ・・・・・・・ 小さじ1/2
カレーリーフ ・・・・・・・・ 10枚

パウダースパイス

Ⓐ ［ ターメリック ・・・・・・・・ 小さじ1
　 ［ レッドペッパー ・・・・・・ 小さじ1

Ⓑ ［ ターメリック ・・・ 小さじ1と1/2
　 ［ レッドペッパー ・・・・ 小さじ1
　 ［ ガラムマサラ ・・・・・・・・・適量

| 作り方 |

1． エビを**パウダースパイスA**と和えておく。

2． 油を入れたフライパンでマスタードを、中火で炒める。

3． ニンニク、生姜、青唐辛子を加え、香りが出るまで炒める。

4． 赤玉葱を加え、色づくまで炒める。色づいてきたら、塩とトマトをつぶしながら加え煮込む。

5． 全体が煮詰まったら、カレーリーフを手で揉みながら加える。続けて、**パウダースパイスB**を入れ、油が浮いてくるまで炒める。

6． 1を入れて炒め合わせる。

7． 水を加え、5〜10分程煮込む。

8． 最後にガラムマサラ少々(分量外)を入れて香りづけをすれば、できあがり。

ニタカリバンチャの
ココがポイント

カレーリーフは、生がベスト！

カレーリーフは、南インド料理やスリランカ料理には欠かせないスパイス。生の葉は日本では希少なものだが、本格派を目指す方はネット販売などをチェックしてみよう。

梵平

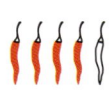
白身魚とホウレン草の四川風スパイスカレー

| 材 料 | >>> 4人分

白身魚 (カレイ、タラなど) ‥ 4切れ
ホウレン草 (ざく切り) ‥‥‥1束
※湯通しして水気を切っておく

玉葱 (スライス) ‥‥‥‥‥1個
パクチー ‥‥‥‥‥‥‥少々
トマトジュース ‥‥‥‥200㎖
小麦粉 ‥‥‥‥‥‥大さじ2
一味唐辛子 ‥‥‥‥大さじ1
塩 ‥‥‥‥‥‥a. 小さじ1
‥‥‥‥‥‥‥b. 小さじ1
胡椒 ‥‥‥‥‥‥‥‥少々

レモン ‥‥‥‥‥‥‥少々
水 ‥‥‥‥‥‥‥‥500㎖
油 ‥‥‥‥‥‥‥a. 大さじ3
‥‥‥‥‥‥‥‥b. 大さじ5
ごま油 ‥‥‥‥‥‥小さじ1

ホールスパイス

A | クミン ‥‥‥‥‥大さじ1
赤唐辛子 ‥‥‥‥‥‥8本
※辛い場合は本数を減らしてもOK
シナモン ‥‥‥‥‥1カケ
花椒 (中国山椒) ‥‥‥大さじ1

パウダースパイス

B | クミン ‥‥‥‥‥大さじ1
コリアンダー ‥‥‥‥大さじ1
ターメリック ‥‥‥大さじ1/2

| 作 り 方 |

1. 白身魚をひと口大に切り、塩少々 (分量外) と胡椒を振り、小麦粉をまぶす。

2. フライパンに油aをひき、中火で魚の両面に焼き目を付け、皿に移す。

3. 別のフライパンに油bを入れ、中火で熱したら、半分に割ったシナモンを入れ、30秒間炒める。

4. ホールスパイスAを入れ、30秒炒めたら、玉葱と塩aを入れ、きつね色になるまで炒める。水50㎖ (分量外) を足し、焦げないようにフライパンの底から混ぜる。

5. パウダースパイスB、一味唐辛子、花椒を入れ、ダマにならないようによくなじませる。

6. トマトジュースと塩bを入れ、煮立たせる。

7. 油が浮いてきたら水を加え、再びひと煮立ちさせる。

8. 下ごしらえをしたホウレン草を入れ、煮立たせる。ごま油を加える。

9. 2の魚を入れて弱火にし、10分煮込む。皿に盛り付け、パクチーとレモンをトッピングすれば、できあがり。

梵平の ココがポイント

フライパンの底にもうま味が!

煮込む際に、フライパンのフチや底についたルウをこそげ落とすようにして混ぜると、旨みが逃げない。ただし、魚を入れた後は身が崩れるので、触り過ぎないように気をつけよう。

ヤドカリ食堂

海老と夏野菜カレー

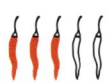 40 min

| 材 料 | >>> 4人分

エビ (殻をむき背わたを取ったもの)
・・・・・・・・・・・・・20尾
ナス (ざく切り) ・・・・・・・・・ 1 本
オクラ (斜め切り) ・・・・・・・・6本
ズッキーニ (半月切り) ・・・1/2本
玉葱 (みじん切り) ・・・・・・・1個
トマト (ざく切り) ・・・・・・・・1個
トマトペースト ・・・・・・・・100g
ニンニク (すりおろし) ・・・・1カケ
生姜 (すりおろし) ・・・・・・・1カケ

塩 ・・・・・・・・・・・・・・ 小さじ1
ココナッツミルク ・・・・・・・50㎖
水 (鍋で沸かしておく)
・・・・・・・・・・・ 400㎖
油 ・・・・・・・・・・・・・・ 200㎖

ホールスパイス

A [クミン ・・・・・・・・・・・・・小さじ1
カルダモン (殻付き) ・・・・・・5粒
赤唐辛子 ・・・・・・・・・・・・2本

パウダースパイス

B [クミン ・・・・・・・・・・・・小さじ1
コリアンダー ・・・・・・・・小さじ2
ターメリック ・・・・・・ 小さじ1/4
レッドペッパー ・・・・・・ 小さじ1

| 作 り 方 |

1. エビの水分はキッチンペーパーで取り、切ったナスは水にさらす。オクラは下茹でしておく。

2. フライパンに油を入れ、エビを揚げる。軽く色が変わったら皿に移す。

3. 同じフライパンで、ナス、ズッキーニの順に揚げ、皿に移す。

4. 別のフライパンに3で使った油を少量入れ、ホールスパイスAを炒める。

5. スパイスの色が変わったら、玉葱を炒め、生姜、ニンニクを加える。

6. トマトと塩少々 (分量外) を入れて、煮詰め、水分をとばしてからトマトペーストを加える。

7. パウダースパイスBと塩を入れ、水分が無くなるくらいまで煮詰めたら、エビ、ナス、ズッキーニを加え軽く混ぜる。

8. 沸かしておいたお湯を加え、中火で5～10分煮込む。

9. 味がなじんだら、ココナッツミルクを加える。食べる直前にオクラを加えたらできあがり。(オクラは、食べる直前に入れると色が変わらずキレイ)

ヤドカリ食堂の
ココがポイント

エビの香りを野菜に移そう！

最初にエビを揚げることで、油に香りが移る。その香ばしい油で野菜を揚げれば、おいしさもアップ。今回は夏野菜を使用しているが、秋はレンコンやキノコを入れてもおいしくいただける。

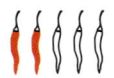
たらのココナッツカレー

| 材 料 | >>> 4人分

たらの身（ひと口大）‥‥4切れ
玉葱（ざく切り）‥‥‥‥1/4個
青唐辛子‥‥‥‥‥‥‥‥1本
ゴラカ‥‥‥‥‥‥‥‥‥2個
　※黒酢小さじ2で代用可
ランペ‥‥‥‥‥‥‥‥1/2枚
ニンニク（みじん切り）‥‥3カケ
生姜（みじん切り）‥‥‥1カケ
レモン‥‥‥‥‥‥‥‥1/4個

塩‥‥‥‥‥‥‥‥‥小さじ3
ココナッツミルクパウダー
　‥‥‥‥‥‥‥‥‥大さじ3
　※350mlの水で溶いておく
油‥‥‥‥‥‥‥‥‥大さじ1

ホールスパイス

シナモン‥‥‥‥‥‥‥1カケ
カレーリーフ（生）‥‥‥10枚

パウダースパイス

Ⓐ
ターメリック‥‥小さじ1/2
レッドペッパー‥‥‥小さじ2
トゥナパハ‥‥‥‥‥小さじ3

| 作 り 方 |

1. 鍋に油とシナモンを入れ中火で炒める。

2. シナモンがぶくぶくしたら、ニンニク、生姜、玉葱、青唐辛子、カレーリーフとランペを入れる。

3. 玉葱が透明になったら**パウダースパイスA**を入れなじむまで炒める。この時焦げつくようなら水（分量外）を加える。

4. たらの身を入れ表面が焼けたら、水で溶いたココナッツミルクパウダーを入れる。

5. ゴラカと塩を入れ15分煮込む。

6. 火を止めてレモンを絞れば、できあがり。

**すりらんかごはんハルカリの
ココがポイント**

トゥナパハって？

トゥナパハは、スリランカカレーに欠かせないミックススパイス。次の分量で作ることも。コリアンダー小さじ1、クミン小さじ1/3、マスタード小さじ1/4、フェンネル小さじ1/4、シナモン1/2カケ、カルダモン2粒、クローブ2粒（※全てホール）をミルにかけてパウダーにする。

六甲山系ピカソ

真鯛のあらカレー

⏱ 40 min

| 材料 | >>> 4人分

玉葱 (みじん切り)・・・・・・ 中2個
トマト (粗みじん切り)・・・・ 中2個
パクチー ・・・・・・・・ お好みで
塩 ・・・・・・・・・・・・ 小さじ2
油 ・・・・・・・・・・・・ 大さじ2

鯛の出汁 (下段参照)

鯛のあら ・・・・・・・・・ 2匹分
昆布 ・・・・・・・・・・・・ 5cm
水 ・・・・・・・・・・・・・・ 2ℓ

鯛カマのマリネ

鯛のカマ ・・・・・・・・・ 2匹分
ニンニク (すりおろし)・・・・ 1カケ
生姜 (すりおろし)・・・・・・ 1カケ
レモン汁 ・・・・・・・・・ 大さじ1
ターメリック ・・・・・・・ 小さじ1
塩 ・・・・・・・・・・・・ 小さじ1

ホールスパイス

Ⓐ
カルダモン (すり鉢で軽く潰す)
　・・・・・・・・・・・・・・ 4粒
ブラックペッパー (軽く潰す)
　・・・・・・・・・・・・・・ 8粒
シナモンスティック ・・ 1/2本
ベイリーフ (あれば生)・・・ 4枚
赤唐辛子 ・・・・・・・・・・ 3本

Ⓑ
クミン ・・・・・・・・・ 小さじ1
マスタード ・・・・・・・ 小さじ1

パウダースパイス

Ⓒ
クミン ・・・・・・・・・ 大さじ1
コリアンダー ・・・・・・ 大さじ1
ターメリック ・・・・・・ 小さじ1
ガラムマサラ ・・・・・ 小さじ1

| 作り方 |

鯛カマのマリネ

1. 鯛カマの鱗や汚れを落とす。

2. 鯛カマにマリネの材料を全て手ですり込む。

3. 冷蔵庫に入れ30分寝かす。

真鯛のあらカレーをつくる

1. 鍋に油とホールスパイス A を入れ弱火にし、香りがしてきたらホールスパイス B を入れる。

2. マスタードがパチパチはじけてきたら、玉葱を加える。

3. 玉葱が茶色く色づいてきたら、パウダースパイス C と塩を入れる。

4. スパイスがなじんだらトマトを入れて水分がなくなるまで炒める。

5. ガラムマサラを入れて全体をなじませる。

6. 鯛の出汁600㎖を加えて、10分程煮る。

7. 鯛カマのマリネを油 (分量外) で揚げる。

8. 7 を鍋に入れて5分程煮たらできあがり。

※ お好みでパクチーとほぐした身をそえてもおいしい。

六甲山系ピカソの
ココがポイント

鯛の出汁の取り方

① 鯛のあらに塩を振って20〜30分程度おく。　② 熱湯をかけて、流水にさらしウロコ、血合い、汚れ、ぬめりを落とす。　③ 水に昆布と 2 を入れ中火で煮る。　④ 沸騰直前に弱火にして昆布を出し、アクをとる。　⑤ 15分程弱火で煮ればできあがり。あらに付いている身はほぐしてとっておく。

エビのココナッツカレー

50 min

| 材料 | >>> 4人分

エビ ・・・・・・・・・・・・ 12尾
（殻をむいて、背わたを取ったもの）
玉葱（荒みじん切り）・・・・ 大1個
トマト（カット）・・・・・・・・・ 1個
　　※トマト缶のダイストマトなら200㎖
ニンニク（みじん切り）・・・・ 10g
生姜（みじん切り）・・・・・・ 10g
砂糖 ・・・・・・・・・・・・・ 小さじ1
塩 ・・・・・・・・・・・・・・・ 小さじ1
酢 ・・・・・・・・・・・・・・・ 大さじ1
ナンプラー ・・・・・・・・・ 小さじ1

ココナッツミルク ・・・・・・ 200㎖
水・・・・・・・・・・・・・・・・・ 300㎖
油・・・・・・・・・・・・・・・・・ 50㎖

ホールスパイス

（A）
カルダモン ・・・・・・・・・・・ 3粒
マスタード ・・・・・・・ 小さじ1
シナモン ・・・・・・・・・・・ 1カケ
ベイリーフ ・・・・・・・・・・・ 1枚
赤唐辛子 ・・・・・・・・・・・ 2本

パウダースパイス

（B）
クミン ・・・・・・・・・・・ 小さじ1
コリアンダー ・・・・・・・ 小さじ2
ターメリック ・・・・ 小さじ1/2
レッドペッパー ・・・・ 小さじ1/3
※プリッキーヌ、青唐辛子小1本でも可

エビ用

ターメリック ・・・・・・・・・・ 少々
塩 ・・・・・・・・・・・・・・・・・ 少々

| 作り方 |

1. エビにターメリック、塩を軽くまぶす。

2. 鍋に油と**ホールスパイスA**を入れ、中火で香りを出す。

3. スパイスの香りが出たら、玉葱を加え強火で炒める。

4. 玉葱が半透明になったら、ニンニク、生姜を加え、中火で炒める。

5. 玉葱が色づくまで炒め、トマトを潰しながら加える。

6. トマトの水分が少なくなったら、**パウダースパイスB**と塩を入れて、弱火で炒める。この時、焦がさないように注意する。

7. パウダースパイスが全体的になじんだら、ココナッツミルク、水、酢、砂糖、ナンプラーを入れ、強火でひと煮立ちさせる。その後、弱火にし、混ぜながら10分程煮る。

8. 最後に中火にし、エビを入れ、火が通ったらできあがり。

ボタの ココがポイント

タイミングによる味の変化を楽しもう

4のニンニク、生姜を入れるタイミングはご自由に！半透明になり出した最初の方で入れても良し、玉葱が色づいてきた時に入れてもOK。そのタイミングによってカレーの味わいが変わるので、ぜひ比べてみて。

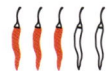

⏲ 30 min

サバのミリスマール

| 材 料 | >>> 4人分

さば（内臓を取って2〜3cm 幅に
カット）・・・・・・・400〜500g
赤玉葱（スライス）・・・・1/2 個
ししとう（みじん切り）・・・・・5本
青唐辛子（みじん切り）・・・・・・1本
ゴラカ（みじん切り）・・・・・・・3 個
　　　　　　※トマト 1/2 個で代用可
ランペ（生・5cm 長、5cm 幅に裂く）
・・・・・・・・・・・20cm
ニンニク（みじん切り）・・5カケ
生姜（みじん切り）・・・・3カケ
ライム汁・・・・・・・・・・20㎖
塩・・・・・・・・・・・・小さじ 2
水・・・・・・・・・・・・800㎖

ココナッツオイル・・・・小さじ 2

ホールスパイス

Ⓐ シナモンスティック・・・1/2 本
　カレーリーフ（生）・・・・・・20 枚

パウダースパイス

Ⓑ ターメリック・・・・・小さじ1/2
　レッドペッパー・・・・・小さじ1
　レッドペッパー（焙煎）P.54参照
　・・・・・・・・・・小さじ1
　トゥナパハ（焙煎）P.40 参照
　・・・・・・・・・・大さじ1

| 作 り 方 |

1. 水とココナッツオイルを除く全ての材料と、**ホールスパイスA**、**パウダースパイスB**をフライパンに入れ、さばが崩れない程度にざっくり混ぜる。

2. 水とココナッツオイルを加え、強火で煮込む。煮立ってから、弱火にして10分程煮込めばできあがり。

**ポンガラカレーの
ココがポイント**

スリランカ料理で
定番の食材たち

スリランカでは一般的に使用されている野菜をゴラカといい、ゴラカを入れると酸味とコクが出て、さらに魚が煮崩れしにくい効果もあるのだとか。ランペは、タイ産の葉でスリランカではよく使われる食材なので、輸入食品店で探してみよう。

ミリスマール … スリランカカレーのひとつ。「ミリス」は唐辛子、「マール」は魚の意。

ワンダカレー店

エビのグリーンカレー

60 min

| 材 料 | >>> 4人分

エビ（殻をむいて背わたを取ったもの）
・・・・・・・・・・・12尾
バイマックル（コブミカンの葉）
・・・・・・・・・・・16枚
ナス（乱切り）・・・・・・・・・2本
オクラ（乱切り）・・・・・・・8本
しめじ・・・・・・・・・・・・1株
しそ・・・・・・・・・・・・・適量
きび砂糖・・・・・・・・・大さじ1
オイスターソース・・・・大さじ2
ナンプラー・・・大さじ1と1/3
ココナッツミルク・・・・400㎖
水・・・・・・・・・・・・400㎖
ココナッツオイル・・・・大さじ2

グリーンカレーペースト（下段参照）

ホムデン（タイの野菜）※赤玉葱で代
用可・・・・・・・・・・・・6個
ピッキーヌ（青唐辛子）・・・10本
カピ（エビの味噌）※イカの塩辛で
代用可・・・・・・・小さじ1/2
カー（タイの生姜・粗みじん）※生姜で
代用可・・・・・・・・・1カケ
レモングラス（粗みじん）・・・1本
パクチー・・・・・・・・・・2本
ニンニク・・・・・・・・・3カケ
水・・・・・・・・・・・・100㎖

ホールスパイス

Ⓐ ⎰ クミン・・・・・・・小さじ1強
  ⎱ コリアンダー・・・小さじ1強
    クローブ・・・・・・小さじ1強

| 作 り 方 |

1. 熱したフライパンに、**ホールスパイスA**を入れ焙煎（P.54参照）する。温まって香りが出てくるまで、焦げないように炒める。

2. 1をミルで挽き、パウダー状にする。

3. フライパンにココナッツオイルを入れ、グリーンカレーペーストを弱火で2分程炒め、さらに2を加える。

4. ココナッツミルクを加え、ペーストを溶かし込むように煮込む。全体がなじんだら水を加え、弱火でさらに煮込む。

5. きび砂糖、オイスターソース、ナス、オクラ、しめじを加え、さらに煮詰める。

6. バイマックルを加えたら、中火で10分程煮込む。

7. エビを加え、エビに火が通ったら仕上げにナンプラーを入れる。皿に盛り付け、しそをトッピングすれば、できあがり。

ワンダカレー店の ココがポイント

グリーンカレーペーストの作り方

①ホムデン、ピッキーヌ、カピ、カー、レモングラス、パクチー、ニンニクを細かく切る。② 1を全てミキサーに入れ、水を加えミキサーにかける。③しっかりペースト状になるまで混ぜる。
※お好みに合わせて、ピッキーヌの量は調節。

SOMA

ライスサラダのカレー

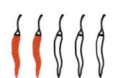

🕐 60 min

| 材料 | >>> 4人分

レンズ豆（皮なし）
　　・・・・・大さじ1と1/2
ムング豆（皮なし）
　　・・・・・大さじ1と1/2
牛蒡（乱切り）・・・・・・・・・1本
玉葱（スライス）・・・・・・1/2個
トマト（乱切り）・・・・・・・4個
じゃがいも（乱切り）・・・1個
ハラペーニョ（みじん切り）・1本
ニンニク（すりおろし）・・・4カケ
生姜（すりおろし）・・・・・・30g
ワイルドライス・・・・・・100g
塩・・・・・・・・・・・・・・小さじ2
水・・・・・・・・・・・・・500㎖

ホールスパイス

Ⓐ クミン・・・・・・・・・・・・小さじ3
　 マスタード・・・・・・・・小さじ3
　 シナモンスティック・・・1/4本
　 バイマックル・・・・・・・・4枚

パウダースパイス

Ⓑ コリアンダー・・・・・・小さじ3
　 カルダモン・・・・・・・・小さじ3
　 パプリカ・・・・・・・・・小さじ4

ドレッシング

ニンニク（すりおろし）・・・・1カケ
ピンクペッパー・・・・・小さじ1
きび砂糖・・・・・・・・・小さじ3
塩・・・・・・・・・・・・・小さじ2
ドライバジル・・・・・・・小さじ1

粗挽き胡椒・・・・・小さじ1/4
チャットマサラ・・・小さじ1/2
ライム・・・・・・・・・・1/2個
白ワイン・・・・・・・・・・100㎖
オリーブオイル・・・・・大さじ1
マスタードオイル・・・・大さじ1
※酸味が足りなければリンゴ酢
　・・・・・・小さじ1を追加

サラダ用

くるみ・・・・・・・・・・・・・・適量
ひまわりの種・・・・・・・・・適量
トマト（乱切り）・・・・・・・・適量
アボガト（乱切り）・・・・・・・適量
マッシュルーム（スライス）・適量
ルッコラ・・・・・・・・・・・・適量

| 作り方 |

1. ドレッシングを作る。鍋に白ワイン、ニンニク、ピンクペッパーを入れ、弱火で煮込む。

2. ひと煮立ちしたら、きび砂糖、塩、ドライバジル、粗挽き胡椒、チャットマサラ、オリーブオイル、マスタードオイルを加え、火を止めて冷ましておく。冷めたら、ライムをしぼり加える。

3. 鍋に牛蒡が浸る程度の水を入れ、塩小さじ1（分量外）を入れ10分煮込む。火が通ったら牛蒡をザルに取り、洗う。ボウルに入れ、ハンドミキサーで少し潰しておく。

4. ワイルドライスをボウルで洗い、水500㎖（分量外）を沸騰させた鍋で、20分程煮込む。塩ひとつまみ（分量外）を加え、ザルに取り置いておく。

5. 鍋に、トマト、玉葱、じゃがいも、ハラペーニョ、水を加え、中火で煮込む。さらに、ニンニク、生姜、ホールスパイスＡを加える。

6. レンズ豆とムング豆を軽く洗い、5に加える。水が沸騰してきたら、弱火にし、蓋をして10分程煮込む。

7. さらに、3を加える。

8. 煮詰まったら、塩、バイマックル、パウダースパイスＢを加える。全体的になじんだらカレーの完成。

9. サラダ用の材料を皿に盛り付け、ドレッシングとカレーをかければできあがり。

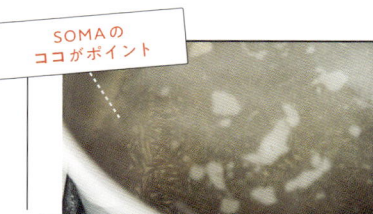

SOMAの
ココがポイント

ワイルドライスとは？

ワイルドライスとは、もともとは先住民族のネイティブ・アメリカンが主食としている穀物。草の実を脱穀しているもので、現在は栄養価の高いヘルシーフードとして注目されている。食感は日本の米と似ているので、ぜひチャレンジを！

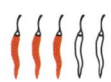

バンブルビー

カリフラワー・きゅうり・キャベツの野菜カレー

🕐 70 min

| 材 料 | >>> 4人分

カリフラワー（芯と房の部分にわけてそれぞれみじん切り）‥‥‥1株
きゅうり（厚み3cmの輪切り）
　　‥‥‥‥‥‥‥3本
キャベツ（みじん切り）‥‥1/2個
玉葱（みじん切り）‥‥‥‥1個
トマト（みじん切り）‥‥‥1個
ニンジン（拍子切り）‥‥‥1本
　※塩小さじ1（分量外）を入れた水で下茹でしておく
ヨーグルト‥‥‥‥‥100㎖
塩‥‥‥‥‥‥‥‥大さじ1
油‥‥フライパンの1/3程度

スターター

ギー（バターオイルの一種）
　　‥‥‥‥‥小さじ1/2
ブラウンシュガー‥‥‥大さじ2
ザラメ糖‥‥‥‥‥大さじ2
マスタードオイル‥‥大さじ1

ホールスパイス

（A）
カシューナッツ‥‥‥‥30g
シナモン‥‥‥‥‥‥10g
カスリメティ‥‥‥‥9g
ベイリーフ‥‥‥‥‥2g
青唐辛子‥‥‥‥‥1/2本
赤唐辛子‥‥‥‥‥9g

（B）
コリアンダー‥‥‥‥6g
カルダモン‥‥‥‥‥3g
ビックカルダモン‥‥10g
スターアニス‥‥‥‥6g
クローブ‥‥‥‥‥3g
アジョワン‥‥‥‥‥3g
ブラックペッパー‥‥‥5g

（C）
クミン‥‥‥‥‥‥9g
フェンネル‥‥‥‥‥5g
ニゲラ‥‥‥‥‥‥9g
キャラウェイ‥‥‥‥9g

（D）
クミン‥‥‥‥‥‥9g
ニゲラ‥‥‥‥‥‥9g
キャラウェイ‥‥‥‥9g
マスタード‥‥‥‥‥10g

（E）
フェネグリーク‥‥‥‥7g
カスリメティリーフ‥‥‥9g
カレーリーフ‥‥ひとつかみ
青唐辛子‥‥‥‥‥1/2本
赤唐辛子（輪切り）‥‥‥3g

パウダースパイス

（F）
ターメリック‥‥‥‥‥10g
レッドペッパー‥‥‥‥10g
フェネグリーク‥‥‥‥10g

（G）
ターメリック‥‥‥‥‥10g
レッドペッパー‥‥‥‥10g
アムチュール‥‥‥‥‥10g

フルーツミックス

パイナップル（缶詰）
　　‥‥‥‥輪切り2個
マンゴー（缶詰）‥‥‥3カケ
梨（缶詰）‥‥‥‥‥1/2個
レーズン‥‥‥‥‥大さじ4
水‥‥‥‥‥‥‥‥100㎖
　※あらかじめミキサーにかけておく

バンブルビーの
ココがポイント

スパイスを焙煎しよう

焙煎とは、英語でローストともいい食材を加熱乾燥させることを指す。中火程度でフライパンを回しながら焦がさないように気をつけて、十分にスパイスが熱せられたら、できあがり。バンブルビーのレシピでは、それをさらに進めて、コーヒーの焙煎のように色が黒ずむまで行う。決して焦がさず丁寧を心がけよう。

| 作 り 方 |

1. 鍋に**スターター**を入れておく。

2. フライパンで**ホールスパイス A** を焙煎する。
   この時、強火で焦げないように気をつける。
   スパイスによって火の通り具合が違うので、
   それぞれ順番に行う。いったん皿に戻してお
   き、**ホールスパイス B**、**ホールスパイス C** も
   同様に焙煎する。

3. **2**で焙煎したスパイスを全てミキサーに入れ、
   水100㎖（分量外）と一緒に細かくなるまで
   粉砕したら、**1**の鍋にトマトと一緒に加える。

4. 別のフライパンに油を入れ、**ホールスパイス**
   D をテンパリング（P.10参照）したら、**パウダー**
   スパイス F を加え、よく攪拌する。スパイス
   が混ざった油で、玉葱、カリフラワーの芯、
   きゅうりを順番に揚げ、スパイスの香りを付け
   る。揚げた野菜は鍋に移し、油はとっておく。

5. 鍋に**パウダースパイス G** を入れて混ぜたら、
   フルーツミックスと茹でておいたニンジン、カ
   リフラワーの房、キャベツ、塩を入れて煮込む。

6. **ホールスパイス E** を、**4** の油でテンパリング
   し、全て鍋に加える。

7. コップ2杯分の水（分量外）と、ヨーグルトを
   足し、キャベツの甘味が出るまで20〜30
   分煮込めばできあがり。

ガネーシュ N

ほうれん草入り豆カリー

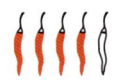

20 min

| 材 料 | >>> 4人分

ムング豆（皮なし）・・・・・・100g
レンズ豆（皮なし）・・・・・・100g
ホウレン草（きざみ）・・・・・・1束
玉葱（みじん切り）・・・・・・1/2個
トマト（粗みじん）・・・・・・1/2個
　　　　　　※トマト缶でも代用可
青唐辛子（みじん切り）・・・・2本
パクチー・・・・・・・・・・・お好みで
ニンニク（みじん切り）・・・1カケ
生姜（みじん切り）・・・・・・1カケ

レモン汁・・・・・・・・・・・・少々
塩・・・・・・・・・・・・・・小さじ2
水・・・・・・・・・300～500ml
油・・・・・・・・・・・・・大さじ5

豆を煮る用

水・・・・・・・・・・・・・・600ml
塩・・・・・・・・・・・・・・小さじ1
ターメリック・・・・・小さじ1/2

ホールスパイス

クミン・・・・・・・・・・・小さじ1
赤唐辛子・・・・・・・・・・・・3本

パウダースパイス

Ⓐ ターメリック・・・・・・・小さじ1
　 レッドペッパー・・・・小さじ1

| 作 り 方 |

1. 鍋に水、ムング豆、レンズ豆を入れ、塩とターメリックで煮る。沸騰してから15分程で火を止める。

2. フライパンに油を入れ、強火で熱する。温まれば中火にし、クミンを加えて少し色づくまで炒める。この時、黒くなりすぎないように注意する。

3. 玉葱、ニンニク、生姜、青唐辛子を加え、さらに赤唐辛子をちぎって入れる。全体が浅いきつね色になるまで中火で炒める。

4. トマトを入れて、つぶしながら炒める。この時、火加減は中火より少し強くする。

5. トマトの水分が飛んできたら、パウダースパイス A を加える。さらに、ホウレン草と塩を加え、しんなりするまで炒める。

6. 1 を水分ごとフライパンに入れ、混ぜる。さらに水を足して煮る。

7. 3分～5分程煮て、塩（分量外）で味を整える。レモン汁を入れて、パクチーをトッピングすればできあがり。

ガネーシュNの
ココがポイント

豆の食感はお好みに合わせて

ダルとは豆のこと。ダルカレーの豆は、煮詰めれば煮詰めるほどドロドロに。好みに合わせて水の量を調節しよう。少し豆の食感が残るくらいがお好みの場合は、タイミングを見計らって早めに火を止める。

定食堂 金剛石

 50 min

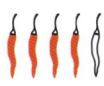

色々野菜の
ミネストローネ風カレー

| 材 料 | >>> 4人分

鶏もも肉（ひと口大）・・・・300g
ソーセージ・・・・・・・・・90g
玉葱（粗みじん切り）・・・・・・1個
ナス（2cm角切り）・・・・・・1本
しめじ（2cm角切り）・・・・・1株
じゃがいも（2cm角切り）・・・1個
ホウレン草（2cmのざく切り）
　　　　　・・・・・・・・200g
パプリカ（2cm角切り）・・・・1個
トマト缶・・・・・・・・・300g
ニンニク（すりおろし）・・・大さじ1

塩・・・・・・・・・・・小さじ2
バター・・・・・・・・・・20g
水・・・・・・・・・・・・適量
油・・・・・・・・・・大さじ4

ホールスパイス

A
クミン・・・・・・・・・・大さじ1
ブラックペッパー（粗挽き）
　　　・・・・・・・・大さじ1
赤唐辛子・・・・・・・・・・8本
ベイリーフ・・・・・・・・・4枚

パウダースパイス

B
コリアンダー・・・・・・大さじ1
ターメリック・・・・・・大さじ1
レッドペッパー・・・・・小さじ1
ガラムマサラ・・・大さじ1/2

| 作 り 方 |

1. 鍋に油と **ホールスパイス A** を入れ、弱火にかけて油に旨味を付けていく。

2. 唐辛子が濃い茶色になったら、ベイリーフを入れ、焦がさないように玉葱も加える。玉葱がきつね色になるまで炒める。

3. パプリカ、しめじ、ナス、ジャガイモを加え、全体に火が通ったら、塩を加え、野菜の水分を出す。その後、ホウレン草を加える。

4. 全体がクタクタになるまで炒めたら、ニンニク、**パウダースパイスB**、鶏もも肉、ソーセージを入れて全体をからめる。

5. トマト缶と全体が浸るくらいの水、塩少々（分量外）を加え、30分程煮る。

6. ガラムマサラ、バター、塩（分量外）で味を整えて、できあがり。

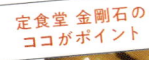
定食堂 金剛石の
ココがポイント

もっとまろやかな味わいに

6 の段階で、お好みでチーズ、生クリーム、ココナッツを加えると、お子様も食べやすい味に。また、鶏もも肉とソーセージを入れずに野菜だけで仕上げてもおいしい！

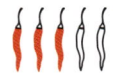

⏱ 40 min

ベジタブルコルマ

コルマ … カシューナッツのベースにココナッツを加えたインド料理の総称。

材料 >>> 4人分

カシューナッツ ········· 27g
玉葱 (スライス) ······· 170g
ブロッコリー ········ 小1株
セロリ (粗みじん切り) ······· 5g
ナス (乱切り) ·········· 1本
ニンジン (乱切り) ····· 小1本
青唐辛子 (細く斜め切り) ··· 3本
ニンニク (みじん切り) ····· 32g
生姜 (みじん切り) ········ 32g
砂糖 ········· 小さじ1/2
塩 ·············· 小さじ1
煮干し粉 ············· 7g

はちみつ ········· 小さじ1
白ワイン ·········· 大さじ2
フルーツビネガー ··· 小さじ2
ヨーグルト ·········· 135g
生クリーム ········· 90㎖
油 ·············· 60㎖

ホールスパイス

フェヌグリーク ··· 小さじ1/2
フェンネル ···· 小さじ1と1/2
カスリメティ ·········· 少々

パウダースパイス

ターメリック ······· 小さじ2
カルダモン ·········· 少々
レッドペッパー ······· 少々
アサフェティダ ······· 少々

ペースト

カシューナッツ ········ 30g
水 ·············· 240㎖
ココナッツファイン ····· 17g
ココナッツミルク ····· 53㎖

作り方

1. ナスは切った後、水にさらしておく。ニンジンとブロッコリーは下茹でし、ブロッコリーは芯を残し、房に分け水にさらしておく。

2. ペーストの材料をミキサーにかけ、カシューナッツペーストを作る。

3. 鍋に、フェヌグリークと油を入れ、弱火で炒める。色濃くなりバニラのような香りが出てきたら火を止め、余熱でフェンネルをテンパリング (P.10参照) する。

4. 玉葱を加え、しんなりしてきたら、ニンニク、生姜を入れる。香りが出てきたら、セロリと青唐辛子も加える。その後中火にして、さらに、煮干し粉を加える。

5. 全体がなじんできたら、ターメリックを入れる。そして弱火にしてから、カルダモン、レッドペッパー、アサフェティダを入れ風味を付ける。

6. 火を止め、塩、砂糖、はちみつ、2とカシューナッツを加え、再び火を付け煮立ったらヨーグルトと白ワインを入れる。

7. 3分程弱火で煮て、フルーツビネガーと生クリームを加え、沸騰直前に火を止めてから、カスリメティを入れて混ぜる。

8. 食べる直前に、1の野菜を炒め7の鍋に加え、軽く混ぜればできあがり。

きたかぜとたいようの
ココがポイント

煮詰めないで!

生クリームを使用するため、煮つめると味が濃くなるので注意。
温め直したい時は、水を30㎖程加えるとおいしくいただける。
野菜も別の鍋で炒めることで、色鮮やかな仕上がりに!

鉄スキで食べる
チーズ&ベジカリー

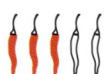

※ 前日の下準備あり

⏲ 40 min

| 材 料 | >>> 4人分

赤玉葱 (粗みじん) ・・・・・・ 2個
セロリ (スライス) ・・・・・・・1本
ナス (うす切り) ・・・・・1/2個
エリンギ ・・・・・・・・・・・1本
ニンニク (すりおろし) ・・小さじ1
生姜 (すりおろし) ・・・・・小さじ1
トマト缶 (粗ごし) ・・・・・400g
チーズ ・・・・・・・・・・・・適量
フォカッチャ ・・・・・・・・適量
　　　　　　　※食パンでも代用可
白ワイン ・・・・・・・・大さじ3
ドライバジル ・・・・・・・・適量

糸唐辛子 ・・・・・・・・・・・適量
ディル ・・・・・・・・・・・・適量
塩 ・・・・・・・・・・・・小さじ1
マスタードオイル ・・・・50㎖
　　　　　　※オリーブオイルでも可

ホールスパイス

クミン ・・・・・・・・・・小さじ1
マスタード ・・・・・・・小さじ1
ベイリーフ ・・・・・・・・・1枚
赤唐辛子 ・・・・・・・・・・・1本

タンドリー味の漬け種
スパイスヨーグルト
（下段参照）

ヨーグルト ・・・・・・・・・・400g
ニンニク (すりおろし) ・・大さじ1
生姜 (すりおろし) ・・・・・大さじ1
塩 ・・・・・・・・・・・・小さじ2
クミン ・・・・・・・・・・大さじ2
コリアンダー ・・・・・・・大さじ2
カルダモン ・・・・・・・大さじ1
レッドペッパー ・・・・・大さじ2
パプリカ ・・・・・・・・・大さじ2
　　　　　　　※スパイスは全てパウダー

| 作 り 方 |

1. 強火でマスタードオイルを熱した鍋に、ベイリーフとマスタードを加え、泡立ってパチパチと音がしたらクミン、赤唐辛子、ニンニク、生姜を加える。

2. 香りが立ったら赤玉葱、セロリを加える。さらに白ワインで香り付けをして、塩を加える。

3. マスタードオイルが全体になじみ、赤玉葱が少し茶色く色づいてきたら、トマト缶を加えて煮詰める。さらに、スパイスヨーグ ルト大さじ4を加える。

4. スキレットに3を敷き詰め、フォカッチャを乗せ、チーズ、ナス、エリンギ、ディルを添えてオーブンで約7～8分焼く。

5. 仕上げにドライバジル、糸唐辛子をトッピングすればできあがり。

ノムソンカリーの
ココがポイント

スパイスヨーグルトの作り方

① 材料を全てボウルで混ぜ合わせる。
② 1を半日～1日程度、キッチンペーパーを敷いたザルで水気を切ってカッテージチーズ状にすればできあがり。

あんかけ油味噌キーマ

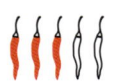
30 min

| 材料 | >>> 4人分

豚挽き肉 ・・・・・・・・・・ 200g
あめ色玉葱 (P.32参照)
　　　　　　　・・・・・・・・・・ 40g
しその葉 ・・・・・・・・・・・ 適量
三ツ葉 ・・・・・・・・・・・・ 適量
みょうが ・・・・・・・・・・・ 適量
トマトピューレ ・・・・・・・・ 25g
ニンニク (すりおろし) ・・・・・・ 15g
生姜 (すりおろし) ・・・・・・・ 10g
白味噌 ・・・・・・・・・・・ 70g
醤油 ・・・・・・・・・・ 小さじ2

ごま油 ・・・・・・・・・・・・ 適量

ホールスパイス

(A) クミン ・・・・・・・・・・ 小さじ1
　　マスタード ・・・・・・ 小さじ1/2

(B) カルダモン ・・・・・・・・・ 8粒
　　クローブ ・・・・・・・・・・ 8粒
　　ブラックペッパー
　　　　　　　　　・・・・・・ 小さじ2/3
　　シナモンスティック ・・・ 1/2本
　　赤唐辛子 ・・・・・・・・・・ 4本

パウダースパイス

(C) コリアンダー ・・・・・ 小さじ1/2
　　ターメリック ・・・・・・・ 小さじ1
　　カルダモン ・・・・・ 小さじ1/2

あんかけ (下段参照)

水 ・・・・・・・・・・・・ 360㎖
白出汁 ・・・・・・・・・・・ 30㎖
水溶き片栗粉 ・・・・・・ 適量

| 作り方 |

1. フライパンにごま油、**ホールスパイスA**を入れ、弱火でゆっくり炒める。

2. さらに**ホールスパイスB**を加える。クミンから出る泡のしゅわしゅわが落ち着いてきたら、赤唐辛子を加える。

3. 火加減はそのままで、あめ色玉葱、ニンニク、生姜、豚挽き肉、トマトピューレを加え、炒める。

4. 全体に火が通ってきたら、醤油、白味噌を加え、水分が飛ぶまで中火で煮込む。

5. 煮詰まってきたら、火を止め、**パウダースパイスC**を加える。

6. もう一度火にかけ、**パウダースパイスC**がまんべんなく混ざったら火を止める。盛り付けたごはんの周りにあんかけをかけて、ごはんの上にカレー、しその葉、三ツ葉、みょうがをトッピングすればできあがり。

バビルの塔の
ココがポイント

あんかけの作り方

① 別の鍋に、水で薄めた白出汁を入れ、強火にかける。
② 水溶き片栗粉を入れて手早く混ぜる。

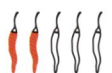

30 min

梅風味のチキンカレー

| 材料 | >>> 4人分

鶏胸肉（ひと口大）・・・・・500g
赤玉葱（スライス）・・・・・・・半玉
あめ色玉葱（P.32参照）
　　　　　・・・・・・・・・150g
青唐辛子（みじん切り）・・・1本
パクチー・・・・・・・・・・・適量
ニンニク（すりおろし）・・大さじ1
生姜（すりおろし）・・・・大さじ1
梅肉・・・・・・・・・・・大さじ1
塩・・・・・・・・・・・・小さじ2
水・・・・・・・・・・・・400㎖

油・・・・・・・・・・・・大さじ5

ホールスパイス
フェヌグリーク・・・・・小さじ1

パウダースパイス
クミン・・・・・・・・・・大さじ1
コリアンダー・・・・・・大さじ1
ターメリック・・・・・・小さじ1
レッドペッパー・・・・・・・少々

| 作り方 |

1. 油を入れた鍋に、フェヌグリークを加え、真っ黒になるまで中火で炒める。

2. ターメリック、青唐辛子、赤玉葱を加える。赤玉葱が茶色くなるまで炒める。

3. 鶏胸肉を加え、全体的にターメリックがなじんだら、コリアンダー、クミン、塩、ニンニク、生姜、あめ色玉葱を加え、少し弱火にして炒める。

4. レッドペッパーを入れ、鍋に蓋をする。鶏胸肉に火が通るまで、5～10分程煮込む。

5. 鶏胸肉に火が通ったら、水を加える。強火で沸騰するまで煮込む。

6. 沸騰後、弱火にして梅肉を加え、ひと煮立ちさせる。皿に盛り付け、パクチーをトッピングすればできあがり。

SPICE CURRY 43の
ココがポイント

スパイスの甘い風味を引き出すために

ホールスパイスのフェヌグリークは、しっかり黒くなるまで炒めるのが SPICE CURRY43 流。中途半端な火の入り方だと、逆に苦味が出てしまうのだそう。しっかり炒めることで、香ばしさと甘みが出てくるとのこと。

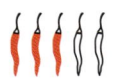

はらいそ Sparkle

🕐 60 min

酒粕の和風カレー

| 材 料 |　>>> 4人分

豚バラ肉かたまり (1cm程度にカット) ················· 500g
油揚げ ················ 1枚
玉葱 (スライス) ··········· 1個
ニンジン (乱切り) ········· 1本
ネギ ················ お好みで
かいわれ大根 ········ お好みで
ニンニク (粗みじん) ······ 1カケ
トマト缶 (ホール) ······ 1/2個
酒粕 ··············· 100g

七味唐辛子 ··········· 少々
塩 ················· 適量
薄口醤油 ··········· 大さじ2
酒 ················ 大さじ3
油 ················ 大さじ3

鰹出汁用
鰹節 ················ 10g
水 ················ 500mℓ

ホールスパイス
クミン ············· 小さじ2
Ⓐ クローブ ············· 7粒
シナモンスティック ····· 1本

パウダースパイス
クミン ············· 小さじ2
Ⓑ コリアンダー ······· 大さじ1
レッドペッパー
·········· 小さじ1/4
ターメリック ····· 小さじ1/2

| 作 り 方 |

1. 鰹出汁を取る。鍋に水を入れ沸騰したら、そこに鰹節を入れ、すぐに火を止める。

2. フライパンで豚肉を焼き、酒を加える。薄口醤油で味付けをしたら、少し焼き色が付いたら、火を止めておく。

3. 鍋に油を入れ、ホールスパイスA を弱火で炒める。さらに、ニンニクを加え、スパイスの香りが立ってくるまでじっくり炒める。

4. 玉葱を加え、茶色くなるまで強火で炒める。

5. 中火にしターメリックを加えたら、また強火に戻して炒める。

6. トマト缶を手でつぶしながら加え、さらにつぶすように炒める。そこにパウダースパイス

B を加え、強火で焦げないように炒める。

7. スパイスが全体になじんだら、1の鰹出汁を全て加えて煮込む。

8. ハンドミキサーで、7をペースト状にする。

9. 2を肉汁ごと、鍋に加え、さらにニンジンを入れる。酒粕を手でちぎりながら加え、弱火で煮込む。

10. 油揚げを入れる。最後に塩で味を調節したら、豚肉がやわらかくなるまで30分煮込む。

11. 皿に盛り付け、ネギ、かいわれ大根、だいこんの副菜 (P.79参照)、七味唐辛子をトッピングすれば、できあがり。

はらいそ Sparkle の ココがポイント

粕汁っぽい具材がベストマッチ！

酒粕の味が効いているこちらのレシピには、粕汁に入っていそうな具材がマッチするとのこと。鶏肉や、魚なら鯛やブリなどもオススメ。店主のジョルさん曰く「油揚げのジュワッとした感じがポイント！」なのだとか。

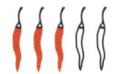

curry家 Ghar

鰹かおる豆カレー

🕐 40 min

〳〳〳〳〳

| 材料 |　>>> 4人分

ムング豆 (皮なし) ・・・・・100g	生姜 (すりおろし) ・・・・・・5g
玉葱 (スライス) ・・・・・・・100g	鰹節 (荒削り) ・・・・・・・・・4g
トマト (乱切り) ・・・・・・・100g	塩 ・・・・・・・小さじ1と1/2
青唐辛子 (みじん切り)・・・・3本	水 ・・・・・・・・・・・・700ml
パクチー ・・・・・・・・・・12g	油 ・・・・・・・・・・・・・30ml
ニンニク (みじん切り)・・・・・8g	

ホールスパイス

コリアンダー ・・・・・・・大さじ2
赤唐辛子・・・・・・・・・・・・3本
アジョワン ・・・・・・小さじ1/2

| 作り方 |

1. フライパンで、コリアンダー、赤唐辛子、鰹節を中火で焙煎 (P.54参照) し、皿に移しておく。スパイスによって火の通り具合が違うので、それぞれ別々に炒める。

2. 焙煎したスパイスを冷ましてから、ミルで細かく砕く。粉々になりすぎる前の状態がオススメ。

3. ムング豆と水を鍋に入れ、沸騰するまで煮る。

4. 一旦火を止め、玉葱、トマト、青唐辛子、パクチー、生姜、塩を入れる。さらに中火で15分程煮込む。

5. 煮詰まってきたら、2を加え、5分程煮込む。スパイスがなじんだら、いったん火を止める。

6. フライパンに油とアジョワンを入れ炒める。アジョワンから香りがでてきたら、ニンニクを加える。ニンニクが茶色くなるまで炒めたら火を止め、5に油ごと加える。

7. 再び火を付け強火で数分煮込み、最後に水 (分量外) で調節をする。

8. 皿に盛り付け、パクチー (分量外) をトッピングすればできあがり。

---

curry家Gharの ココがポイント

ミルで挽きたてのフレッシュさを!

もう一歩、本格派を目指したいという方は、ミルの購入がオススメ。市販のパウダースパイスよりも香り高い仕上がりに。挽きたてを使えば、風味もさらにワンランクアップ!

  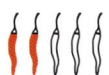

創作カレー ツキノワ

REGULAR CURRY

🕐 40 min

粗挽きカツオの
キーマカレー

｜ 材 料 ｜ ≫≫ 4人分

鰹のたたき ‥‥‥‥ 1本(280g)
玉葱 (みじん切り) ‥‥‥‥ 1玉
トマト (みじん切り) ‥‥ 1/2 個
しめじ (小房に分けておく)
　‥‥‥‥‥‥‥‥1/4株
ニンニク (みじん切り) ‥‥ 1カケ
生姜 (みじん切り) ‥‥‥ 13g
青唐辛子 ※シシトウでも代用可
　‥‥‥‥‥‥‥‥‥1本
鰹粉末 ‥‥‥‥‥‥ 小さじ1
砂糖 ‥‥‥‥‥‥‥ 小さじ1
塩 ‥‥‥‥‥‥‥‥‥少々

胡椒 ‥‥‥‥‥‥‥‥少々
酢 ‥‥‥‥‥‥‥‥‥少々
みりん ‥‥‥‥‥‥‥少々
酒 ‥‥‥‥‥‥‥‥‥少々
油 ‥‥‥‥‥ 大さじ1と1/2

ホールスパイス

Ⓐ
クミン ‥‥ ひとつまみ (20粒ほど)
マスタード ‥ ひとつまみ (20粒ほど)
フェンネル ‥ ひとつまみ (15粒ほど)
ニゲラ ‥‥‥‥‥‥‥ 15粒
フェヌグリーク
　‥‥‥ ひとつまみ (10粒ほど)

出汁 (下段参照)
水 ‥‥‥‥‥‥ 800㎖
昆布 ‥‥‥‥‥‥‥ 8g
花鰹 ‥‥‥‥‥‥‥ 5g
塩 ‥‥‥‥‥‥‥‥少々

パウダースパイス

Ⓑ
コリアンダー ‥‥ 小さじ1/4
ターメリック ‥‥‥‥ 少々
レッドペッパー ‥‥ お好み
ガラムマサラ ‥‥ 小さじ1
クミン ‥‥‥‥‥ 小さじ2
カルダモン ‥‥ 小さじ1と1/2

｜ 作 り 方 ｜

1．鰹のたたきを細かく刻み、置いておく。

2．鍋に油を入れ、フェヌグリークを加えて、炒める。火が通り、シュワシュワと泡が出てくるまで触らずに置いておく。

3．**ホールスパイス A** と青唐辛子を入れたら、すかさず玉葱を入れてしばらく炒める。スパイスの香りを玉葱に移すイメージで行う。

4．鰹粉末を加える。

5．触らず、そのまま蒸し焼きにするように強火で炒める。あめ色になったら、ニンニク、生姜を入れ軽く混ぜ、トマトを入れる。

6．鰹のたたきを入れて塩、胡椒を加える。火が通ったら、砂糖、みりん、酒を加える。

7．弱火にし、**パウダースパイス B** と酢を加える。

8．出汁でしめじを茹で、**7** に全て加える。

9．仕上げに、クミンとカルダモンを入れて、味を見ながら塩 (分量外) で調節して、できあがり。

創作カレー ツキノワの
ココがポイント

出汁の取り方

①水に昆布を入れ、30分置いてから火を付ける。　②沸騰しないように気をつけて、60℃くらいの温度をキープしながら30分程煮込む。　③30分たったら昆布を取り出す。取り出した後、80℃くらいまで温度を上げたら火を止め、花鰹を加える。花鰹が全て沈んだら塩で味を整え、ザルでこす。

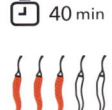

スパイス香る
豚の和風ドライカレー

40 min

| 材料 | >>> 4人分

豚挽き肉 ・・・・・・・・・・・ 1kg
生もやし ・・・・・・・・ お好みで
パクチー ・・・・・・・・ お好みで
ニンニク ・・・・・・・・ 大さじ1
生姜 ・・・・・・・・・・・ 大さじ1
レモン ・・・・・・・・・ お好みで
砂糖 ・・・・・・・・・・・・・ 5g
塩 ・・・・・・・・・・・・・・ 少々
醤油 ・・・・・・・・・・・ 100㎖
みりん ・・・・・・・・・・ 100㎖
水 ・・・・・・・・・・・・ 300㎖
油 ・・・・・・・・・・・・ 200㎖

ホールスパイス

A {
クミン ・・・・・・・・・・ 大さじ1
カルダモン (ミルで砕く) ・・・ 10g
クローブ (ミルで砕く)
・・・・・・・・・ 大さじ1
ブラックペッパー (ミルで砕く)
・・・・・・・・ 小さじ1
シナモンスティック ・・・・ 2本
ベイリーフ ・・・・・・・・・ 2枚
赤唐辛子 ・・・・・・・・ 2〜4本
}

パウダースパイス

B {
レッドペッパー ・・・ 大さじ2/3
ガラムマサラ ・・・・・・・大さじ1
}

| 作り方 |

1. フライパンに油と **ホールスパイス A** を入れ、弱火で焦げないように注意しながら炒める。

2. スパイスの香りが立ち、パチパチと音がしてきたら、豚挽き肉を入れ中火で炒める。

3. 豚挽き肉に火が通ったら、ニンニク、生姜を入れて弱火で5分程炒める。

4. 次に砂糖、塩、醤油、みりんを入れなじませる。この時に焦がさないよう注意する。

5. 水分が飛び調味料がなじんだら、**パウダースパイス B** を入れてよく混ぜる。その後、水を加え強火にする。

6. 煮立ってきたら中火にし、さらに火を弱めつつ5分程煮詰めてできあがり。生もやし、パクチー、レモンを添えてもおいしい。

Columbia8の
ココがポイント

水分を飛ばすことを忘れずに！

各工程ごとに水分をしっかりと飛ばしていくことが、おいしく作るための秘訣。また、コロンビア8はたっぷりと油を使うのが特徴的。店主のオギミ〜ル☆さんによると、「最後まで油の成分が残るように少し多めに使用している」のだそう。

スパイス炒り玉子

| 材 料 | >>> 4人分

卵 ・・・・・・・・・・・・・・・3個
玉葱（みじん切り）・・・・ 1/2個
トマト（みじん切り）・・・1/2〜1個
青唐辛子（みじん切り）・1〜2本
パクチー ・・・・・・・・ お好みで
生姜（みじん切り）・・・・・1カケ
塩 ・・・・・・・・・・・・小さじ1

油 ・・・・・・・・・・・・ 大さじ5

パウダースパイス

A［ クミン ・・・・・・・ 小さじ 1/2
ターメリック ・・・・・小さじ1
レッドペッパー ・・小さじ 1/2
ガラムマサラ ・・・小さじ 1/3

| 作 り 方 |

1. フライパンに油を入れて熱し、玉葱、生姜、青唐辛子を加え、浅いきつね色になるまで炒める。

2. トマトをつぶしながら加え、中強火で炒める。

3. トマトの水分が飛んできたら弱火にし、**パウダースパイス A** を加え炒める。さらにボウルにといた卵を流し入れ、弱火でそのまま炒る。

4. 塩で味を調節して、お好みでパクチーをかければできあがり。

サモサ

| 材 料 | >>> 3〜4個

生地

小麦粉 ・・・・・・・・・・・・100g
塩 ・・・・・・・・・・・・・・・ 少々
水 ・・・・・・・・・・ 大さじ3 + α
油 ・・・・・・・・・・・ 大さじ1
アジョワン（ホール）・・・・・少々
※生地は餃子の皮や春巻きの皮でも代用可

具材

じゃがいも ・・・・・・・・・・ 4個
生姜（すりおろし）・・・・・約3cm
グリンピース ・・・・・・ 大さじ2
青唐辛子（みじん切り）・・・・少々
塩 ・・・・・・・・・・・ 小さじ1/2

ホールスパイス

クミン ・・・・・・・・・・・・・ 少々

パウダースパイス

A［ レッドペッパー ・・・・・・・少々
ガラムマサラ・・・・・・・・・ 少々

| 作 り 方 |

1. 生地の材料を全てボウルに入れ、生地を作る。手からはなれ表面がつるっとするまでこねる。

2. 具材のじゃがいもを茹でておく。

3. フライパンに油大さじ1（分量外）を入れ、クミンを軽く炒める。そこに茹でたじゃがいもと残りの具材と**パウダースパイス A** を全て加え、混ぜながら潰す。

4. 丸く広げた生地を半分に切り、円錐の形にして具をつめてふさぐ。

5. 火が通るまで、油（分量外）で揚げればできあがり。

三ツ葉のサンボル

ポンガラカレー

サンボル…
和えものという意味で、スリランカ料理のひとつ。

材料 >>> 4人分

赤玉葱（スライス）・・・・・1/2個
三ツ葉（みじん切り）・・・・・150g
ししとう（みじん切り）・・・3本
青唐辛子（みじん切り）・・・1本

ココナッツファイン・・・大さじ6
塩・・・・・・・・適量（小さじ1/2）
レモン汁 ・・・・・・・・・20㎖

作り方

1. 材料全てをボウルで混ぜれば、できあがり。

赤玉葱のインド風サラダ

アアベルカレー

材料 >>> 4人分

赤玉葱（みじん切り）・・・・1/2個
トマト（みじん切り）・・・・1/2個
かいわれ大根・・・・・・1パック

チャットマサラ・・・・・小さじ2
レモン汁 ・・・・・・・・・少々

作り方

1. 赤玉葱、トマト、かいわれ大根をボウルに入れ、さらにチャットマサラを加え、混ぜ合わせる。
2. 仕上げにレモンを振り絞ればできあがり。

赤玉葱のヨーグルト和え

創作カレー ツキノワ

材料 >>> 4人分

赤玉葱（ざく切り）・・・・・・・3個
ヨーグルト ・・・・・・・・・200g

塩・・・・・・・・・・・・・・・少々

作り方

1. ボウルに赤玉葱とヨーグルトを加えて混ぜる。
2. 塩で味を整えてできあがり。

ココナッツのふりかけ

虹の仏

| 材料 | >>> 4人分

玉葱 (みじん切り) ···· 1/2個
ココナッツファイン ····· 150g
塩 ·············· 小さじ1/2
レモン汁 ············· 少々
水 ················· 60㎖

ホールスパイス

(A) ┌ ブラウンマスタード
    │   ·········· 小さじ1
    └ カレーリーフ ········· 10枚

パウダースパイス

(B) ┌ レッドペッパー ···· 小さじ2
    └ パプリカ ········· 大さじ1

| 作り方 |

1. ホールスパイスAをフライパンで熱し、玉葱を加える。

2. 玉葱が透き通るまで炒めたら、パウダースパイスBを加え、水を足してペースト状にする。

3. ボウルにココナッツファインを用意し、2のペーストを投入する。

4. 塩とレモン汁を加え、サラサラになるまで混ぜれば、できあがり。

ハーブワカモレ

旧ヤム邸

※ワカモレ…メキシコ料理のサルサ（ソース）の一種。

| 材料 | >>> 2〜4人分

アボカド ············· 1個
マヨネーズ ········ 小さじ2
塩 ················· 少々
胡椒 ··············· 少々
レモン汁 ············· 少々

(A) ┌ 玉葱 ············· 1/4個
    │ パクチー ········ お好みで
    │ バジル ·········· 5〜10枚
    │ タイム ············ 1/2枝
    └ ローズマリー ······ 1/2枝

| 作り方 |

1. アボカドは皮をむき、タネは取っておく。

2. 材料Aを細かく刻む。

3. アボカドと刻んだA、ほか全ての材料をボウルに入れ、アボカドを手で潰しながら混ぜ合わせれば、できあがり。

※3はフードプロセッサーを使ってペースト状にしても良い

はらいそ Sparkle 大根の副菜

| 材 料 | >>> 4人分

大根（いちょう切り）・・・・・1/2本
塩・・・・・・・・・・・・・・小さじ1
酢・・・・・・・・・・・・・・大さじ3

ポン酢・・・・・・・・・・大さじ1
ごま油・・・・・・・・・・小さじ1

| 作 り 方 |

1. 大根と塩、酢、ポン酢、ごま油をビニール袋に入れてシェイクする。

2. 冷蔵庫に入れてしんなりすれば、できあがり。

Columbia8 ビール泥棒

| 材 料 | >>> 2〜4人分

スパイス香る豚の和風ドライ
カレー（※P.74参照）・・・・適量
もやし・・・・・・・・・・・・・1袋
かいわれ大根・・・・・・1パック
レモン・・・・・・・・・・・・・1個
ドライバジル・・・・・・・・・5g
一味唐辛子・・・・・・・・・少々
塩・・・・・・・・・・・・・・・少々
ごま油・・・・・・・・・・・50㎖

ホールスパイス
クミン・・・・・・・・・大さじ1/2

パウダースパイス
ブラックペッパー・・・・・少々

| 作 り 方 |

1. フライパンにごま油を入れ、クミンを熱する。香りが立ちパチパチと音がしてきたら、もやしを1〜2本入れ、油の温度を確かめる。

2. 油の温度が上がれば、もやしを全て入れ、塩とブラックペッパーを加えなじませる。

3. 和風ドライカレーを加え、強火でよく炒める。

4. 皿に移し、もやしの上からドライバジルと一味唐辛子をふりかけ、レモンとかいわれ大根を添えれば、できあがり。

関西の
スパイスカレー
カルチャー

ここからは関西ならではの、カレーにまつわるカルチャーのエトセトラをご紹介します。味だけじゃない、関西のスパイスカレーの独自性に注目してみました。

＊ゴア風フィッシュカレー→P.32
＊ケララヴィレッジブラウンカレー→P.34
＊エビのココナッツカレー→P.44
＊ほうれん草入り豆カリー→P.56
＊ベジタブルコルマ→P.60

インド　INDIA

北と南で大きく風味が異なる。北インドは、乳製品や油を多く使ったどろりと濃厚な味わい。一方、南インドではカレーリーフやマスタードシードをよく使い、シャバシャバとしたカレーが多く見られる。

NEPAL ネパール

豆のスープ、ライス、おかずのワンプレートのセット「ダルバート タルカリ」が基本。牛肉を食べる習慣がないため、鶏肉やヤギ肉が主流で、カレーの具材として使用することも多い。

ネパールルーツのレシピ

＊タカリ式ラムカレー
　→P.10
＊マトンカレー→P.20

SRI LANKA スリランカ

さらりとしたカレーで、ココナッツミルクや少量のココナッツオイルをベースとしたものが多い。海の幸に恵まれた環境なので、シーフードが豊富。

スリランカルーツのレシピ

＊たらのココナッツカレー→P.40
＊サバのミリスマール→P.46

イラスト　権田直博

82

関西独自系レシピ

* あんかけ油味噌キーマ→P.64
* 梅風味のチキンカレー→P.66
* 酒粕の和風カレー→P.68
* 鰹かおる豆カレー→P.70
* 粗挽きカツオのキーマカレー→P.72
* スパイス香る豚の和風ドライカレー→P.74

日本　JAPAN

オリジナルの変化をとげた日本。そんな中でも、梅干しや、鰹節、味噌など和の食材を使ったメニューが続々と登場。本書でも、日本食のエッセンスが感じられるレシピを多数ご紹介！

スパイスカレーワールドマップ

THAILAND　タイ

レッドカレー、グリーンカレー、イエローカレーの３種が代表的。ココナッツミルクの甘みと、ナンプラーの旨味が効いている。レモングラスなどのフレッシュハーブもよく使われる。

タイルーツのレシピ

* エビのグリーンカレー →P.48

ひと口にスパイスカレーと言っても、ルーツはさまざま。はるばる海を越えやってきた、その国独自の味とは？ 本書のレシピに関係する国々を中心に、まずは知っておきたいカレーの世界をご案内。

谷口カレーと
大阪スパイスカレー礼讃

無類のカレー好きで、カレー店を開く前には関西各地のカレー店を巡っていたという谷口さん。お店をスタートさせてからは、食べ歩く機会も減ったそう。そこで今回、かねてより気になっていた大阪のカレー店へ一緒に伺ってみました。

いただきま～す

間借りカレーのパイオニア（?）谷口カレーこと谷口智康さん。詳しくは → P.92 へ

---

1 軒目 ハマカレー
大阪・北堀江

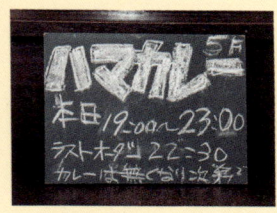

→ 店舗詳細は P.110

最初に訪れたのは、火曜日の夜のみオープンする［ハマカレー］。［ハマカレー］の濱田さんと谷口さんは、東京の下北沢で行われるカレーと音楽のイベントに出店のための車に同乗し意気投合したそう。それ以来の仲になるのだが、お店にきたのはこの日が初めて。

早朝から仕込みをしている谷口さんは、夜8時に就寝するということで［ハマカレー］がオープンする頃には、もう寝る準備を終えている。そんなわけで、オープン前の時間を借りて今回初来訪となったわけだが、着いて早々「ロケーションがいいですね」と谷口さん。ウォークアップの5階というハードな条件ではあるものの、

ぬけ感のある景色と、ベランダがあるため、開放的な雰囲気で居心地が良い。そんな店内で食べるカレーは、バー営業もしているお店のお酒に合わせるためか、少し小ぶり。白米の上にドライなキーマが乗り、細かく刻まれた野菜とサイドには副菜で見た目にさっぱりとした印象だ。爽快に食べ終えられるカレーが好きという谷口さんの好みにフィットし、終始スプーンを置かずに食べ続けていた。

最後に、「大阪のカレー屋さんはやっぱりおもしろい人が多いし、そういう人にやってほしいと思いますね」と一言。

ちなみに、［ハマカレー］の濱田さんの本業は美容師でバンドも行い週1のカレー店。彼これそんな生活を5年続けているという無類のハードワーカー。

［ツキノワ］の店主とともによく似ていると言われる3人。

濱田さん念願の実店舗が八尾にオープン。【Cafe&Spice リズモ】大阪府八尾市北本町2-11-14　電話なし

さっぱりの中にスパイスが効く。

---

2 軒目 ライス＆カリー ラーマ
大阪・阿波座

→ 店舗詳細は P.111

「どこの駅からもちょっと遠いんです」と店主・田井中基次さんがいうように肥後橋、中之島、阿波座、福島の中間に位置する［ライス＆カリー ラーマ］へ。西宮で開店し5年目のある日、営業スタイルに思い悩み、店の前に張り紙をして休業。しばらくの休みを経て、再オープン。そして、7年目を迎え心機一転大阪へ。仕入れに便利な中央卸売市場近くを選んだ。

今では環境にも慣れ、奥さんのみゆきさんと副菜のバリエーション豊富なカレーを提供している。西宮時代は、一人で切り盛りしていたそうだが、キッチンも二人が前後になっても通れるくらいのスペースが確保できたため、カレー担当・基次さん、副菜担当・みゆきさんに分かれて1皿を作り上げている。

いただいたのはキーマカレー、野菜のおかず3種とレモンのアチャールもトッピング。副菜やおかずがプレートに乗ると俄然華や

ハマカレー
グリーンキーマ
800円
※1ドリンク 要注文

ライス＆カリー
ラーマ
キーマカレー
850円
（ おかず150円のせ、
レモンのアチャール100
円トッピング）

口に運ぶたびに美味しさ倍増。

かになる。夫婦の為せる技と感じつつ、谷口さんは1軒目と同様、スプーンが止まらず、感想も忘れてどんどん食べ進める。

人のカレーが無性に食べたくなると言う谷口さんに、自身のカレーと比べて、聞いてみると「僕の場合、副菜を全然作れなくて。アイデアもないですし、カレーの仕込みだけで手一杯で。でもいろ

夫婦カレー店の実力を垣間見た。

いろできたらいいですよね。このレモンのアチャールの酸味もちょうどいい」と羨ましそう。

最近は魚のカレーもよく作るそうで、旬のものでいうと鱧のメニューも。「生の鱧を最後に入れて火を通してできあがるんですが、ダシが出てそれがいい味になります」と田井中さん。

そして、最後は、大阪のカレー店の良さの話に。

「商売がたき感がまったくないですよね。移転前に、近くにある[カルータラ]さんに挨拶をしにいったら、お客さんに近くに店ができることを言ってくれていたみたいで、めちゃくちゃ感謝しています。"仲間"って言ってくれたのもありがたかったです」と、同業が仲間として繋がれる大阪の良いムードを垣間見た。

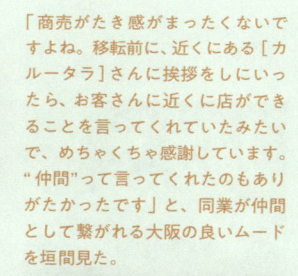

甘い柿のライタもいいアクセントに。

3軒目 | バガワーン・カレー
大阪・アメリカ村（西心斎橋）

→ 店舗詳細は P.110

3軒目はアメリカ村にあり、谷口さんとは間借り仲間の[バガワーン・カレー]。奥まったビルの奥、看板を見過ごさないように行くと到着する。平日と土曜の夜は居酒

屋として営業している場所で土日のみ間借りオープン。スリランカベースのカレーを提供している。ちなみに、店名のバガワーンは、カレーを教えてもらった師匠の名前。そして、こちらも2軒目の[ライス＆カリー ラーマ]と同じく夫婦カレー店。

平日は別のお店で働く馬越龍さんと会社員の馬越満智子さん。ともに、休みなく毎日働きかれこれ

5年。とにかく働きもので、ほぼ深夜の午前3時から仕込みをして営業を迎えているのにも関わらず、爽やかな笑顔。とにかく作るのが好きだという龍さんは、最低でも2種、多い時は4種のあいがけカレーを毎週、メニューを変えて提供している。

谷口さんもイベントなどであったり、なぜか作ったTシャツをいつも交換するという親しい関係ながら、感心しっぱなし。「自分には

卵にかかった南アのソースも美味。

バガワーン・カレー

永遠の合鴨ミンチの
ベジグリーンライス
若鶏のモモ＆胸肉
キーマカレー
二種あいがけ
1,050 円
半熟たまご（100円）トッピング

スパイス立ち呑みカレー
ベジン

おめで鯛カレー
1,200円
※1ドリンク 要注文

日々オリジナルメニューを考案中。

4 軒目

スパイス立ち呑みカレー
ベジン
大阪・千日前

→ 店舗詳細は P.109

アルコールにも一癖あるスパイス使い
のメニューが。

できないし、こういう味は料理の
ベースがないとやっぱり出せない」
とも。

この日いただいたのは、「永遠の
合鴨ミンチのベジグリーンライス」、
「若鶏のモモ＆胸肉キーマカレー」
の二種あいがけに半熟たまご南ア
フリカンママペリペリソース掛け
のトッピング。ちなみに、半熟た
まごのソースは、炙りチーズなど
四種から選べる。

毎度のことながら、持ったスプー
ンを一度も放すことなく食べ続け
る谷口さん。3軒目ともなるとも
うそれもおなじみの光景。そして、
ひと口食べては感心の声を上げる
谷口さんは「すごい。こういうの
を真似したいけど、素人カレーに
はできない（笑）」と絶賛。

そして、夫婦カレーだけでなく、
[ライス＆カリー ラーマ] 同様、カ
レーを旦那さん、副菜を奥さんと
いう黄金の布陣。まだ2店舗なが
ら、夫婦カレーへの憧れとこの布
陣なら華やかなカレーができあが
るという確信が生まれつつあった。

そして帰り際、[バガワーン・カ
レー] のTシャツ（黒）と谷口くんの
新作Tシャツを交換して、3軒目の
礼讃は終了した。

いよいよ大阪スパイスカレー礼
讃も残すところ2軒。伺ったのは、
大阪市内のランドマークにもなり
つつある味園の向かいにある雑居
ビルの最奥 [スパイス立ち呑みカ
レー ベジン]。

カレー店を知らないと、入りに
くい雰囲気ではあるものの勇気を
出して入店すると、カウンターの
みの小さなお店がそこにある。ス
パイスの香りが店中に広がり、立
ち呑みスタイルでカレーを提供す
るという一風変わったお店。谷口
さん曰く、「よく呑みにくるんで
すけど、紹介したかった」とチョ
イス。付き合いの始まりは、[ハマ

カレーは肴と考え、ごはんはサービス。

カレー] と同じく東京でのイベン
トがきっかけ。

店主の経歴もおもしろく、もと
もと野菜料理を学ぶ中で、いつし
かスパイスを知り、カレーを作り
始めた。そして、現在では立ち呑
み店で肴としてカレーを出す。だ
からご飯はサービスで出している
だけ、とそのスタイルもオリジナル。

いただいたのは、「鯛の出汁の味
がすごく出ていて美味しいんです」
と谷口さんも言う [おめで鯛カ
レー]。骨だけでなく、身も使って
出汁をとって、カレーに仕上げて
いる（もったいないが身は入れな
い）。そして、立ち呑みだけにカ
レーもスープのような、さらりと
した一皿。こんなところでカレー！
という驚きとともに大阪スパイス
カレーの真髄をどうぞ。

ボタニカリー

ボタニカリー
980 円

谷口カレー

🏠 大阪市中央区平野町 1 - 2 - 1
☎ 非公開
🕐 11：30~ 売り切れまで
㊡ 土・日曜、祝日

5 軒目 ボタニカリー
大阪・肥後橋

→ 店舗詳細は P.110

　最後の 1 軒は、肥後橋近くにある人気店。行列が絶えずとうとう整理券制となった［ボタニカリー］へ。谷口さんにとって、初めての来店だ。ビルの 1 階で、4 軒隣の立ち呑み店にはちょこちょこ訪れていたそうだが、ここにあるのも今日気がついたとのことで、フレッシュな気持ちで入店。カウンターとテーブル席が 3 つ。こじんまりした店内には、スパイスの入れ物が壁際にずらり。挨拶もそこそこ

に、さっそくボタニカリーを作っていただくことに。
　カレーを待っている間に話していたところ、姉弟でお店をやっているということだそうで、きっか

初のボタニカレーでテンションも上がり、普段は撮らない写真まで。

シャバっとしていても、深い味わい。

けは姉の高橋春香さんがカレー好きだったから、とのこと。そんな姉に誘われて、弟の明石智之さんがカレーを作ることに。「お姉さん作らへんのかい！」というツッコミはあるものの、のめり込む性格だったのか、それを見抜いていたのか、見事、オリジナルなカレーで人気店に。今年でもう 6 年目になるという。
　シャバっとしたカレーだけれどもベースの味はしっかり、そして、夫婦カレーの変形版。弟はカレー担当、姉は副菜というまさかの黄金の布陣 3 軒目。
　そんな二人が作るカレーが鮮やかでないはずはなく、綺麗な色味×ひと口ずつ変化する味が、人気の秘訣と確信した。「カレーの味もしっかりと作られていて、美味しかった」と感想を語った谷口さん。
　最後は、真面目にスパイスの奥深

さについて話すふたり。
　あまりカレー店の店主とのつきあいがないという明石さんだったが、共通の友人の存在で谷口さんと意気投合、帰り際には呑みに行く話まですることに。

スパイスカレー礼讃を
終えて

　まだまだ大阪のカレー店は増殖の傾向にあるが、今回、5 軒のお店にご協力いただき、久しぶりのスパイスカレー巡りが実現した谷口さん。
　さまざまなスパイスカレーがあるなと改めて実感できる、まるで旅のようでもあったはず。
　食べに行くだけでは味わえない店主との会話の中で、どんなことを感じられたか最後に一言聞いてみた。「普段なかなか行けないカレー屋さんで、カレーを食べながら色々お話しできて楽しかったなと思います。どのカレーも凄く手間がかかっていて、勿論のこと美味しかった。全店主さんを尊敬します。僕も頑張ります…泣。でも今回の一番の収穫は、話をする中で、共通の友人も多かったし、なにより呑みに行く約束ができたのが、よかったかなと（笑）」。やはり大阪のカレー店の魅力は、こうして、横のつながりができることかも知れない。

1.

2.

3.

カレーに似合う

うつわたち

おいしくカレーを食べるなら、やっぱり器にもこだわってみる？ カレー店の気分をそのまま味わえるお皿から、作家ものの渋いひと皿、現地感満載のプレートまで！ カレーに合わせて、ベストマッチを探してみよう。

4.

5.

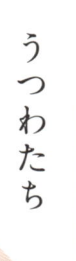

1. [森林食堂] の 葉っぱのお皿

森林食堂（→P.28）のカレー皿は、店主と交流のある陶芸家、谷口晋也さんと試行錯誤して作ったオリジナル！ 現在予約待ちだが購入可能。約40cmある特大プレートにカレーを盛り付ければ、家でも森林食堂気分を味わえる!? カップは、陶芸家の野上千晶さんの作品。

2. [W22] で見つけた 波模様のお皿

洋服と作家ものの器のセレクトショップで見つけたのは、2種類の釉薬を掛け分けた模様が印象的な市岡泰さんの角皿。浅めの形状なので、キーマカレーにぴったり。＜取扱店＞ w22-warble22ya（ウォーブル／ニコニコヤ）大阪市中央区谷町6丁目2-17／06-6762-2224

3. 組み合わせ自由 インド気分のプレート

大阪・千日前道具屋筋商店街の金物店で見つけたステンレスのプレートは、まさにカレー皿の王道。デイリーに使えて安価なのも魅力。ずらりと並べて本格的なスパイスカレーを味わおう。ネパールな気分なら、真鍮製を探してみても！

4. [nara] で出合う 北海道生まれのお皿

店主が作家の人間性に触れて選んだ器が並ぶ店 [nara] で見つけたのは、陶芸家、加地学さんの作品。石炭で焼成され、黒く引き締まった器は丈夫で使い込むほどに味が出る。＜取扱店＞整体と暮らしのギャラリーnara 大阪市中央区上町1丁目28-62／06-6767-4578

5. 陶芸家がつくる カレーのためのカタチ

白い化粧土をまとわせた粉引と呼ばれる器は、その優しい表情が特徴。こちらはカレー皿として作られた上野剛児さんの作品で、最後の一粒までお米がキレイにすくえるよう、フチがデザインされている。2と同じ [W22] にて取扱いあり。

Ｔシャツスパイシーコレクション

関西のカレー店がＴシャツを作るのはなぜ⁉ ここでは、店の個性が表れる、その一端をご紹介！

[はらいそ Sparkle]

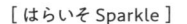

注文が入ると店主自らプリントしてくれる受注生産型。→P.68

[ガネーシュ N]

インドの神様・ガネーシャをモチーフにグレー地に赤が映える１枚。→P.56

[スパイスカレーまるせ]

キッズサイズもあるよ！

イラストレーター安藤智によるベンガルトラのイラスト。→P.22

[虹の仏]

某ロックバンドのジャケットをオマージュした洒落の効いた１枚。→P.18

[SPICE CURRY43]

展開はなんと40色！屋号「43」を配置したトートもあり！→P.66

[スパイスサロン バビルの塔]

目立つこと間違いなし！店名を全面に押し出したデザイン。→P.64

その数30店！
カレー屋さんのＴシャツが集まったこんなイベントも

2018年6月、[スパイスカレーまるせ]の店主・川崎さんらの呼びかけで、カレー店30軒のＴシャツを集めたイベントが開催された。きっかけは西日本最大級のカレーの祭典「カレーEXPO」への出店で店主同士が仲良くなったこと。イベント時は店舗の垣根を越えた、あいがけカレーも販売。そして、楽しむだけではなく、売上は震災復興のために寄付された。

[スパイスカリーて]

店主とも交流のある、イラストレーター鈴木裕之のデザイン。→ P.26

[カレーちゃん家]

イラストレーター 2yang 描き下ろしの、通称・カレー大好きガールがキュート！→ P.14

[ワンダカレー店]

店主が描く「ワンダ犬」がカワイイ10周年記念Tシャツ。→ P.48

[ノムソンカリー]

看板キャラ「ニャンピー」を描いたTシャツは3周年を記念して制作。→ P.62

まだまだあるぞ！

[ボタ] の
美人伽哩カレンダー
って知ってる？

[ボタ] のロゴが入ったオリジナルのチャイカップ。制作したのは、陶芸家の森田ふみ。

ボタ、アララギ、カチャロンカ、他で販売中！
→ P.44　→ P.92

関西のファッション誌『カジカジ』の企画から生まれたカレンダー。2011年に発売されて以来、「美女」と「カレー」という美味しいとこ取りのコラボが話題を呼び、毎年楽しみにしているファンも多い。撮影するのは、写真家の伊藤菜々子。モデルは全員素人で、中には伊藤さんと居酒屋で知り合ったことがきっかけで出演する人もいるとか。

[ボタ] から
CDも！

イラストは大阪発のバンド neco 眠るのメンバー BIOMAN によるもの。

音楽との関わりが強い [ボタ] が手がけるCD『buttah spice mix 』の第2弾。今回は、TOKYO NO.1 SOUL SET のメンバーでもある川辺ヒロシが、アジアを中心とした音楽をミックス。音のミックススパイスを楽しもう。

スパイスは、終わりがないからおもしろい

文　カワムラ ケンジ

"スパイスの魅力"とは、それは謎が謎を呼び続けるところにあると思う。この情報過密時代においてなかなか希少ではなかろうか。わからないからこそ夢があるのだ。

思い返せば1980年代、スパイスは神秘の宇宙のようだった。当時は各国本場の料理店がたくさんあったが、厨房が隔離され、接触できたとしても今よりはるかに言語的交流が難しい時代。カレー粉がスパイスの集合体であることを知るだけでも何年もかかる状況だった。スパイスを解説した本はあったのかもしれないが、少なくとも僕が通った大型書店の店員は皆無と断言。あちこち訪ね歩くうち、最終的に東京郊外の日本人が担う本格インド料理店で、生まれてはじめてスパイスの実物や、カレーができあがるプロセスを教えてもらうことができたのだった。

が、当時入手可能なスパイスを買って帰るものの、やはり思うようには作れない。結局、本場さながらのインド料理を作れるようになったのは90年代に入ってからのこと。

たまたま知り合ったインド人から教わったのが最初で、その後一気に彼らとの交友関係が広がり、まかないや家庭料理に触れることが増え、自然に体得していった。やがてスパイスには多様な風味が存在することを知る。スパイシー＝辛い、が日本の常識だったが、実際に辛いものは数種類しかなく、それ以外は日本語では説明不可能な風味ばかり。と同時に、地域性や宗教、カー

ストなどによって料理が違うことや、その幹が民族にあることも理解しだす。

やがて、それまで主流だった欧風カレーや、インド式であっても高級感のあるカレーよりも、彼らの素朴な料理は体調がよくなることを確信。本場では日々の気候や体調に応じてスパイスを調整していることも知り、今度はヘルシー路線を探求。ヘルシースパイスについては、インド周辺諸国の習慣、自分の体験、薬学博士などと共に調査してきた結果を一冊にまとめたのでぜひ（『おいしい＆ヘルシー！ はじめてのスパイスブック』幻冬舎刊）。

僕が16歳で飲食業に入ってからのたかだか36、7年間でも、以上のようにスパイスはずっと謎だらけ。現在、インドはバブル景気で、多忙を極めることから、料理はコンパクトかつ時短が重要視される時代を迎えているようだが、日本では手間暇をかけてこそ価値がある、という考えが根強くある。そういう意味で日本はスパイスととても相性がいいかもしれない。インド料理とはそもそもが創作料理。ルールはあるけど、地域や宗派、とどのつまり民族によって様々。終わりがないからおもしろいのだ。

カワムラ ケンジ　Kenji Kawamura

ライター。スパイス料理研究家。バイリンガル・スパイス専門誌『スパイスジャーナル』を2015年まで編集・出版を行う。レシピ本をはじめ著書も多数。詳しくは、https://www.kawamurakenji.net

カレーと音楽はなぜ相性がいいのか？
関西のカレー店 × カルチャー座談会

フェスやライブハウスなどの音楽イベントに出店、どころか主催したり、店内でコンサートを開催したり。関西のカレーショップとミュージックetc.カルチャーの相性の良さは、じつは知られているところ。でもなぜ？というわけで、その結びつきを探るべく名物カレー店の店主さんに集まっていただきました。題して、関西のカレー店 × カルチャー座談会。まさか自らがカレーパフォーマンスを披露していたなんて。

最初から
カレーはカルチャー

——まず［谷口カレー］がカレーの出店とバンドが出演するイベント『カレー大サーカス』をスタートさせたきっかけを教えてください。

谷口智康（以下谷口）　もともとはみんなで［カレーちゃん家］（P.14）の（木村陽子さんの）家でカレーを食べる会をホームパーティーみたいな感じでやっていたんです。

和泉希洋志（以下和泉）　僕も参加していたんですけど、今

から10年くらい前ですね。友達の友達くらいがそこに集まって。それぞれがカレーを振る舞う、というホームパーティーですね。そのときは誰もまだ自分のお店をやっていなかった頃で。

谷口　それを定期的に2年く

らいはやってましたね。

堀久美子（以下堀） 2年もやってた？

谷口 それから（心斎橋のバー）[CONTORT]でやったのがイベントっぽくなった最初ですね。でも、そのときもカレーは無料で振る舞って。

川崎誠二（以下川崎） 配給みたいな（笑）

和泉 無料やのに文句言われたり（笑）

谷口 そのときに（大阪のバンド）ROJO REGALOのライブがあったりしましたね。

—— それが後に『カレー大サーカス』につながっていく、と。

谷口 そうですね。でも、もともと僕は音楽のイベントやりたい、みたいな感じで飲食店を始めたようなところがあるんですよ。

堀 ん？

—— どういうことです？

谷口 味園ビルでのイベント、まさに[ボタ]が出店していて、SOUL FIREとかBush of Ghostとか大阪のバンドが出ているような、そんなイベントにすご

[谷口カレー]主催の『カレー大サーカス』は、北浜[FOLK old book store]とともに『カレー大サーカスと古本大戦争』も開催。カレー×ブックetc.のお祭り！

毎年恒例、カレーで6の文字を形どった[森林食堂]6周年イベントのヴィジュアル。

く衝撃を受けて。

—— それでは現在[FOLK old book store]内での[谷口カレー]の営業、それはある意味、書店内で常時イベントを開催しているような？

谷口 やっぱりカレー屋ってカレーだけだと面白くないじゃないですか？ それにカレー屋ってヤバいやつ（笑）がやってて欲しいというか。

一同 ヤバいやつ（笑）

—— 個性的な、という意味ですね。

谷口 最初からカレーはカルチャーやと思ってたんで。例えばラーメンは体育会系、カレーは文化系というか。だから今、ラーメン屋みたいなカレー屋が増えてると思うんですけど、僕の考えるカレー屋とはちょっと違うな、とは思いますけどね。個人的には。

—— 分かります。では[ボタ]が最初にイベントに出店するきっかけは、ふだんお店に来るお客さんがミュージシャンだったりするようなところから？

川崎 そう。今度ライブやるから出店してよ、って誘われて。お店の宣伝を兼ねて、遊びも兼ねて、誘われたら行くという感じで。もちろんそこで売り上げがあれば嬉しいし。

—— 遊びも兼ねる、というスタンスがいいですね。では堀さんが出張カレーとして[森林食堂]を始めるきっかけはどんなところからです？

堀 学生時代に山奥のイベントでごはんを出すことになったのが最初のきっかけなんです。そのイベントに、インドの影絵のアーティストが出演するというので、カレーがいいかな（笑）と思って。まだケータリングという言葉を知らない頃ですね。

—— それまでスパイスへの興味そこまでなかった？

堀 そうですね。相方（[森林食堂]をともに運営してする堀成徳さん）は毎日カレーを食べまくってたけど、私はまったく。そのイベントでは100人前のカレーを用意することになってもう大変でしたけど楽しくて。でも、将来カレー屋をやることになるなんて、まったく思いもよらなかったですね。

—— 以前、京都の[VOICE GALLERY]で[森林食堂]として展覧会を開催されていましたよね。カレーで絵を描いたり。

堀 スパイスでTシャツを染めたり、ですね。学生の頃から（芸大生だったということもあり）作品制作をしていて。その作品の素材がスパイスになっただけであんまり違和感がなかったというか。

—— 料理の素材、ではなく作

[谷口カレー] 谷口智康　Tomoyasu Taniguchi

大阪・北浜の古本店 [FOLK old book store] 内で間借り営業中の [谷口カレー]。定期的に [FOLK] とのイベント『カレー大サーカスと古本大戦争』などを主催する。1982年生まれ。もともと美容学校生。
谷口カレー → P.84

[SOMA] 和泉希洋志　Kiyoshi Izumi

大阪・中津にあるスパイスカレー [SOMA] 店主、アーティスト。90年代から制作活動を開始し自身の音楽作品を始め、小杉武久やBOREDOMSのライブ、録音にも参加。aSymMedley 名義でも活動する。
SOMA → P.52

品の素材として。

堀　そうです。あと、きっかけとしては自分たちでもバンドをやってたので、そのリハーサルの間に食べるカレーを作ったりしてたんですね。そのうちバンドでは呼ばれへんくなって、出張カレーで呼ばれるようになってきて（笑）

カレーも好き
音楽も好き

—— 関西での音楽フェスにはカレーの出店は欠かせないものとなっている、と思うんですがみなさんどう考えています？

和泉　僕はイベントへの出店とかをやらないままお店を始めたので、できないんです。出店はまた別のノウハウが必要だと思いますね。あと、例えば出店に関しては、東京のカレーは伝統的なカレーが多いけど、僕らのカレーはカレーライスというか。つまりプレートじゃなくて一皿で食べられるということが大きいのかなと思いますね。

—— 立って持って食べられる利便性がある、と。[森林食堂] はほんとにいろんなところのいろんな催しに出店されていますよね。

堀　いろんなところ行けるし、そこでいろんな交流ができるのは嬉しいですね。ガス、水道、電気もないところだったとしても、どうやって美味しものを出せるか？を考えるのも好きなんです。

—— 谷口さんはいかがです？

谷口　（いろんなイベントに出店していた）[ボタ] を見てたこともあるんですけど、音楽とカレーが合うとは最初から思っていて。スパイスの匂いと音楽、その刺激にまず影響されたというのがあるんで。カレーも好きで音楽も好きなので。

—— それでは主催されている『カレー大サーカス』は自分の理想を実現している？

谷口　そうなんです。だからイベントの序盤からもうベロベロに酔っぱらってるんですよ（笑）

—— [ボタ] はイベント『Spice』や『ボタとサーカス』を主催されてます。そのココロは？

川崎　楽しいやん？カレー屋だけやってたら自分が遊びに行く暇がないというのもあるし。もしそれがなかったら店やめてる。いや、やめてはないかもしれへんけど（笑）。まず現場に行けるのが楽しい。最近は出店を頼まれるだけじゃなく、企画側に巻き込まれるというか、共同企画みたいな感じのイベントもあるけど、あんまり出店するテンションと変わりはないかな。

—— ちなみに、みなさんはイベントで他の出店者カレーを食べてみたりは？

和泉　ほんとは食べたいけど知り合いばっかりが出店してると、どこを食べていいか分からなくなって、結局食べられないみたいなことはありますよね。

堀　あー。

谷口　それすごい分かります。

川崎　全部食べられたらいいんやけどね。自分は友達のとこじゃなくて、一番知らない、交

友のあんまりない店のところを食べるかな。

スパイスは
サンプリング

—— [SOMA]の和泉さんは音楽制作を始め、自身がアーティストでもありますが、最初に大阪のカレー店にカルチャーを感じたのは？

和泉　今、僕は50歳でみんなとちょっと世代間はあると思うんですけど、まず（香川から）大阪に出てきて[伽奈泥庵]と[カンテ・グランデ]とか、カウンターカルチャーを受けたような店にびっくりしたんです。チャイにもびっくりで。

—— 和泉さんはその[カンテ・グランデ]に勤められていました。ウルフルズのメンバーがバイトをしていたことでも有名ですが、その[カンテ・グランデ]はシフトの融通が利いたり職場にアーティストが集まって来やすい環境があった？

和泉　そうですね。昔は特に変なヤツが集まってくるから、店のメンバーでバンドが始まったり。お客さんも面白いひとが集まってて。

—— 和泉さんがそもそもスパイスカレーに興味を持たれたのはその[伽奈泥庵]や[カンテ・グランデ]以外になにかありますか？

和泉　（音楽家の）デヴィッド・チュードアがインド料理を作るのが好きで、僕が[カンテ・グランデ]に勤めていたからか、（音楽家の）小杉（武久）さんが毎回その話をしてくれるん

ですよ。森にみんなで集まって料理を作ったとか。いつもその話がすごく面白くて。それでよりスパイスに興味を持った、ということがあるんです。

—— 料理ではなく、音楽の文脈で？

和泉　料理、というよりは集まってそんなことをやっているというのが面白いというか。

—— それは最初のホームパーティーにも繋がりますね。ではご自身がアーティストとして音楽制作とスパイスカレー作りの関係をどう捉えています？

和泉　僕は90年代の頭から音楽制作を始めたんですけど、コラージュだったり美術の制作の方法論もその音楽制作のサンプリングがベースになってるんです。それはカレーのスパイスも同じ感じなんです。

—— なるほど。カレーを作ることはスパイスをサンプリングする感覚、と。そういえばその[伽奈泥庵]が残念ながらなくなってしまいました。

和泉　そうですね。でも、その系譜で[ボタ]とかがあるような気がする。

川崎　影響は受けてますよね。[伽奈泥庵]と[ガネーシュ]には。それにしても、考えたら大阪は音楽やってる店主が多くない？

—— たしかに和泉さんを始め、[バンブルビー]（P.54）や[カシミール]（P.100）など音楽に関わっている方がやたらと多いような。

和泉　しかもベーシストが多くない？

川崎　（[カシミール]）後藤さん

[森林食堂]堀 久美子　Kumiko Hori

カレー店[森林食堂]を"相方"の堀成徳さんと運営。約4年の出張カレーの活動を経て2012年に京都・二条にオープン。各地へのケータリングの他、植物をテーマにした『はっぱでハッピー』を開催。

森林食堂 → P.28

[ボタ]川崎誠二　Seiji Kawasaki

大阪・東心斎橋にある長屋のカフェ&カレー店[ボタ]店主。2003年にオープン。街の美人×[ボタ]のカレーによるカレンダー「美人伽哩」（P.90）を毎年発売。宮崎県出身。1976年生まれ。

ボタ → P.44

[ボタ]が主催、共催する音楽フェス。neco眠るなど大阪のバンド、のみならずが出演。

だったり。

――カレー作りにはベーシスト特有のなにかが？

和泉 マニアなひと、職人的なひとが多いのかな。

――その力をカレーに発揮しやすいというか。

和泉 いろいろ実験しやすいというか。カレーはお手軽というか鍋ひとつでできるから、かな。

――スパイスの調合などの試行錯誤がベーシスト特有の感性を刺激するのかもしれませんね。そういえば[SOMA]に

はお店の2階にギャラリーがありますよね？ このスペースを設けたのはなぜでしょう？

和泉 ギャラリーは震災がきっかけで。展覧会とかライブとか、オファーを待ってるだけじゃなくて、いつでも自分から発信できる場が欲しくて、ですね。ここではイベントとか出版とか全部を含めて、やりたいと思ってて。

――なるほど。

和泉 でも夏場は暑すぎて使えないんですよ。定期的には、毎年3月くらいに中津で[パンタロン]と[ミミヤマミシン]と（パフォーマンスグループの）コンタクトゴンゾの事務所とうちでイベント（中津三丁目の合同企画『psmg』）をやってるんです。それぞれがアーティストを呼んで。

谷口 和泉さん、その時カレーライブをやってましたよね？

――カレーライブ？

和泉 調理器具や厨房にセンサーを仕込んでおいて、カレーを作ってるとその動きに反応してシンセの音がギューンって出るように。

一同 おー（笑）

――そのカレーライブはどのくらいの時間、演奏？ 調理？ されるんです？

和泉 ライブはまず米を研ぐところから始まって。1時間半くらいかな。

――ぜひ見てみたいところです。[森林食堂]にも2階ギャラリーがありますよね。どのような使い方をされています？

堀 ギャラリーでは好きな作家さんに展示をしてもらうこともありますが、基本的には[森林食堂]の植物部門[ハッパナーセリー]の商品を販売しています。自分たちのハウスで育てたアガベ、サボテンなどの植物、それにカレーリーフはいずれ自給自足出来るように、と企んでいます。

大阪をもっと面白く！

――[谷口カレー]はすでに次回の『カレー大サーカス』を計画されています？

谷口 『カレー大サーカス』は来年も春くらいに予定してます。去年はめちゃくちゃ赤字やったんですよ。まぁ、雨で寒くて時期も悪かったんですよね。もう赤字が分かった瞬間から気絶するくらい飲みました（笑）。イベントはいつもそのくらいの覚悟でやるんですけど。

――和泉さんはこれからどんな活動を予定されています？

和泉 年内に次のアルバムを作るつもりです。まぁ、このCDが売れない時代に。しかも内容も決して聴きやすいものではないというか…（笑）

――[森林食堂]は『はっぱでハッピー』というイベントを開催されていますよね。これは引き続き開催される？

堀 そうですね。前回は南米、タイ、静岡、いろんなところで出会った植物にまつわるアーティストなどに集まってもらって。もともと植物が好きで、いろんな場所でカレーを販売し

psmg vol.003 大阪市北区中津3丁目4番特合同企画
http://psmg.tumblr.com/

2018.2.23 fri. ~ 3.11 sun
13:00-19:00 月、火、水、木 休廊

[SOMA] 和泉希洋志さんが描いた7mにも及ぶ絵画の1ピースがジャケットとなる4枚組CDアルバム『BOUNDARIES』。ブックレットにはカレーを始めインド料理のレシピ付き。自身レーベル[bitSOMA]からの2015年作。

たお金で植物を買って帰ってくる、というのが多くて。それがこのイベントを開催するきっかけなんですけど、このイベントでは食用サボテンを使ったカレーとか、ふだんお店では出さないようなメニューを出したりしますね。
―― ちなみに京都の[森林食堂]さんから見て、大阪のカレー店ならでは、と感じるところは？
堀　もう、京都とはぜんぜん違

います。とにかく密だし層が厚くてびっくりですね。それと、カレーという部分だけでなく強くつながっているような大阪の雰囲気は、ゆるーく繋ってる、というかミニマム志向の京都とはぜんぜん違うと思います。
川崎　考えたら大阪のカレー店は、けったいな、というか癖の強い個性的な店は多いかな。もちろん自分の店もその自覚はあるけど（笑）
―― 他の方はいかがです？
和泉　僕はそこまで大阪のカレー屋さんを知らないんですよ。
谷口　僕も最近のカレー屋さんはぜんぜん知らないですよ。もう増えすぎてるというのもあって。ただ、濃いおじさんたちのカルチャーが薄まっていくような気がするので、そこを閉ざしたらあかん！という意味でイベントは引き続きやっていかなあかんな、と。このところ人気のあるアーティストのイベントでも大阪ではそこまでお客さんが入ってなかったりするし。だから、大阪をもっと面白く！

と思うこともあって。
堀　それをなぜカレー屋が？というのが面白い（笑）
谷口　ただ僕が（好きなミュージシャンなどを）観たいっていうだけなんですけどね（笑）
―― 例えば、この大阪のカレー×カルチャーを継ぐような？[カレー屋バンバン]など新しいカレー店も増えてますしね。逆により濃くなるかも？
和泉　そういえば彼も音楽やってて、しかもベースですね。探せばまだまだいそう。ちなみに、僕も一番最初の楽器はベースでした。
一同　やっぱりベースや！（笑）

2018年9月26日
谷町6丁目[アララギ]にて

座敷のある[アララギ]では桂左ん吉による落語会『左ん吉とカレーライス』や音楽ライブ、ワークショップなどが定期的に開催されている。

アララギ

- 大阪市中央区谷町6-18-28
- 06-6764-1238
- 12:00～16:00 (LO.15:30)
  18:00～23:30 (LO.23:00)
- 火曜
- http://www.araragi.buttah.net/

カンサイ Spice Shop 探訪

カレーに欠かせない「スパイス」。でも、「どこで買えばいいの？」と、迷ってしまうひともいるのでは。そこで、関西にあるスパイス専門店からスーパーマーケットまで、編集部がリサーチしてみました。スパイスがそろったら、思う存分、カレーづくりを楽しんで！

 国ごとの違いが楽しめる！

スパイス堂

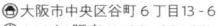

「ダルバート食堂」の姉妹店として 2018 年 6 月に谷町六丁目にオープン。インドやネパール、スリランカなど、国ごとに別けられたスパイスの数は約 120 種類。フェヌグリークシード、イエローマスタードシード、シナモンホールなど、個人でも買いやすい量と価格が嬉しい。他にも、ナンプラーやタイビネガー、ココナッツシュガーといった調味料やハーブ、ラムやマトンな

どの冷凍肉も販売している。ネパールから直輸入したダルバート食堂オリジナルのスパイス全 7 種の販売も開始し、充実した品ぞろえ。

⊙ 大阪市中央区谷町 6 丁目 13 - 6
⊙ スパイス販売 11：30 - 20：00
　飲食営業 11：30 - 17：00
㊡ 火曜日
☎ 06 - 7708 - 1611
Ⓟ https://www.facebook.com/spicedou/

同じクミンやターメリックでも国が違えば香りや色にも差が！ 比べてみることでスパイスの知識も広がる。

商品にはスタッフ手づくりのポップが！ 効能や使用方法が書いてあり、初心者も分かりやすい。

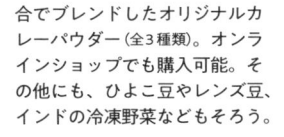

神戸 多くの店主も御用達！

神戸スパイス 新長田店

大阪北堀江、三ノ宮二宮町、三宮琴ノ町、新長田に 4 店舗を展開。壁一面に並ぶスパイスには、辛さレベルの違うレッドペッパーや、アムチュール、カスリメティパウダー、キャラウェイシード、アニスシードまであり、そのほとんどでホールもパウダーも用意されている。どれもスパイスの風味にこだわって輸入されたもので高品質。人気は、インド人シェフの秘伝の配

合でブレンドしたオリジナルカレーパウダー（全 3 種類）。オンラインショップでも購入可能。その他にも、ひよこ豆やレンズ豆、インドの冷凍野菜などもそろう。

⊙ 神戸市長田区若松町 5 - 2 - 1
　アスタプラザファースト 2F
⊙ 平日 12：00 - 18：00
　土・日曜・祝日 11：00 -18：00
㊡ 年末年始
☎ 078 - 647 - 7908
Ⓟ http：// kobe-spice.jp/

サルタージ

（大阪）その数、500種以上！

薬剤師の社長自ら、農場までチェックした安心・安全なスパイスをインドから直輸入。その質の良さが口コミで広がり、今では全国の料理人から注文が入る。個人でも100g単位からリーズナブルに購入可能で、アジョワンシード、キャラウェイ、ニゲラ、ホワイトペッパーなど多数。また、チャットマサラやガラムマサラなどのミックススパイスも16種以上、ベジタリアン向けの菓子類までそろう幅広いラインナップ！

📍 大阪府池田市神田2-10-23
🕐 9:00-18:00
🚫 日曜
☎ 072-751-1975
🔗 http://www.sartajfoods.jp/

Spice Bazaar Kyoto

（京都）女性らしい陳列も

京都では珍しいスパイス専門店。綺麗に陳列された棚には、クミン、コリアンダー、アジョワン、パプリカなどのインドスパイスが充実。瓶に入ったサンプルで香りを試しながら選ぶことができる。ターメリックやコリアンダーなど11種類のスパイスがセットになった「北インドセット」と、マスタード、カレーリーフ、ココナッツミルクパウダーなど13種類が入った「南インドセット」は、店主いち押しの商品。

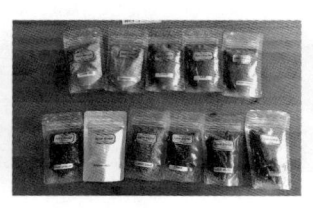

📍 京都市北区小山西元町29
🕐 12:00-17:00
🚫 木曜
☎ 075-366-3299
🔗 http://spice-bazaar-kyoto.com/

タイマーケット

（大阪）タイ食材を買うなら！

黒門市場近くのタイ食材専門店。タイ米やココナッツミルクなどの定番食材はもちろん、ヘルシーボーイのソース、シーズニングオイルなど調味料も30種以上と充実。さらに嬉しいのが、レモングラスやコブミカンの葉、パンダンリーフ、パクチーなど約15種類のハーブを、冷凍ではなく新鮮な状態で購入できるところ。これだけそろえば、家庭でも本格的なタイ料理に挑戦できる。営業時間も長く平日でも立ち寄りやすい。

📍 大阪市中央区日本橋1-22-14 1F
🕐 10:00-20:00
🚫 年末年始
☎ 06-6648-0002
🔗 http://www.thai-market.co.jp

いつものスーパーで基本のスパイスをそろえる

「夕飯の買い物ついでにスパイスも」なんて時は、スーパーマーケットが便利。そこで、スパイスカレーづくりで使用頻度の高いスパイスがどのくらい見つかるのか、関西の代表的なスーパーマーケットで、編集部が独自にリサーチしてみました！

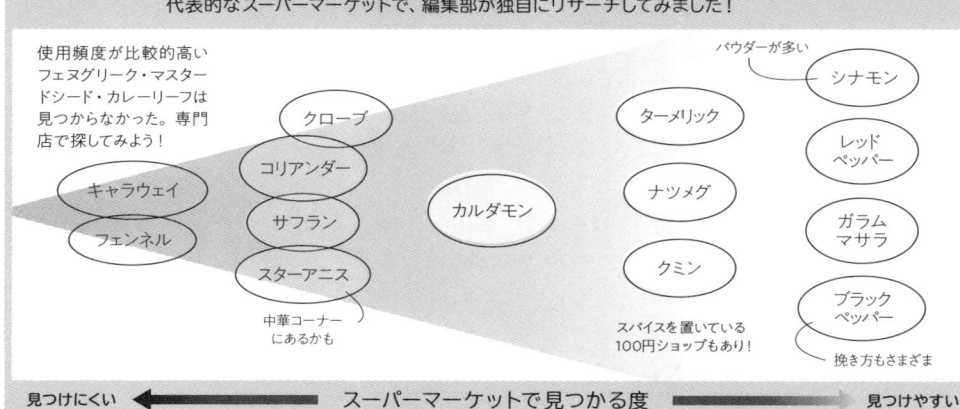

使用頻度が比較的高いフェヌグリーク・マスタードシード・カレーリーフは見つからなかった。専門店で探してみよう！

パウダーが多い

シナモン
レッドペッパー
ガラムマサラ
ブラックペッパー → 挽き方もさまざま

ターメリック
ナツメグ
クミン → スパイスを置いている100円ショップもあり！

クローブ
コリアンダー
サフラン
スターアニス → 中華コーナーにあるかも

カルダモン

キャラウェイ
フェンネル

見つけにくい ← スーパーマーケットで見つかる度 → 見つけやすい

音楽と同様にカレーでも、
オリジネイターは偉大なり

初期のEGO-WRAPPIN'をベース奏者として支えていた後藤明人さんが、92年から営まれている[カシミール]。個人的に学生時代から親交があったボーカリストの中納良恵からもその話は聞いていて、一度は食べねばと何度か北浜まで足を運んだことはあったものの、いつもお店の前にズラリと並んだ先客の多さを見て諦めたり、運悪く休業日だったりするうちに、未体験のまま20年ほどの月日が経ってしまった。僕は普段はほぼ音楽関係のことしか書いて

いないライターだが、大阪でそんな仕事を続けていると妙にカレーと縁がある。ワールド・ミュージック色の強いライブ／クラブ・イベントに欠かせない存在でneco眠るの森くんもたまに厨房に入る東心斎橋の[ボタ]や、電子音楽家の和泉希洋志が中津で営む[SOMA]、最近ではRAZORS EDGEのケンジレイザーズが天満にオープンした[ハルモニア]など。そんなわけで関西で一大潮流となったスパイスカレーの先駆にして、ミュージシャンが営むカレー店

の先駆でもある同店に、遅ればせながら初巡礼した。

オープン10分前の11時50分に店の前に着くと、すでに10人ほどの先客が列を作っていた。しかし、2時間待ちとなる場合もあり、仕込みの関係で開店が遅れることもあることで知られる同店とすれば、この日はラッキーだったに違いない。ほぼ定刻通りにオープンし、お客さんが3人ずつ呼ばれて店の中に入っていく。店内では後藤さんがひとりずつオーダーを訊いて代金を受け取り、その場で3つのフライパンを使ってひとつずつスパイスなどを調合しながら調理していくのだが、かなり手間と時間をかけて一皿ずつ仕上

げていく完全ワンオペ・スタイルにまず驚かされた。行列がなかなか進まなくても、コレは仕方がない。待っているお客さんたちが当然という雰囲気なのも、なるほどと思った。

そして、45分ほどで席につき、マトン・カレーを玄米で注文。運ばれてきたカレーを同行したカメラマンが撮影し終えるのを待っていると、後藤さんが「お茶漬けみたいなもんなんで、なるべく早く食べてくださいね」とおっしゃったが、その言葉がとても的を得ていた。調理工程や行列待ちを考えればじっくり吟味したいところだが、そんな思惑とは裏腹に［カシミール］のカレーはあまりにもサラサラと体の中に入っていくのが特徴的。サラサラと入ってきた後に、その中に複雑にブレンドされた様々なスパイスやマトンの風味、違和感なく含まれている豆腐の

アクセントなどがしっかりと口の中に広がり始め、食べ終えてしまった後も独特なスパイスのハーモニーがしばらく持続していた。

個性は強いのだが口あたりはスムースで、ひとつのスタイルを確立して後続に多大な影響を与えながらも、そのフォロワー勢にはないオリジナリティが揺るぎなく感じられる。音楽において何らかのジャンルの創始者とされる人物は、その手法が広く一般化された後にもやはり本家にしか出せない味わいによってリスペクトされ続けるのが常だが、［カシミール］のカレーも大阪のスパイスカレー界におけるそのような存在であることを、今さらながら再認識させられた。

吉本秀純　Hidesumi Yoshimoto

大阪在住の音楽ジャーナリスト。地元の情報誌からコアな専門誌まで、あらゆる媒体にジャンル不問で寄稿している。

カシミール

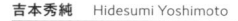

🏠 大阪市中央区
　東高麗橋 6 - 2
☎ 06 - 6944 - 8178
🕐 12:00〜
　（カレーがなくなり次第終了）
🈶 月・土・日曜

大阪で愛されるチャイは
カウンターカルチャーの証

文 村田 恵里佳

イ ンドでは通りの屋台で味わえるほど、チャイは生活にとけ込んだお茶。茶葉とスパイスを水とミルクで炊き込み、砂糖を加えた煮出し式ミルクティーで、どこか民俗的な風情が漂う。煮出すことで渋みやとろみが醸されたその味わいは、異国に住む私たちにとってはエキゾチックで魅惑的。そんな海の向こうのソウルドリンクであるチャイが、大阪では特別な親しみを持って愛されてきた。それも約50年に渡り、脈々と。

ヒッピームーブメントに湧いた1970年代、大阪で初めてチャイを出した［伽奈泥庵（カナディアン）］や、ウルフルズのメンバーが働いていたことでも知られる［カンテ・グランデ］など、実際にインドを旅した店主たちがカレーと共にこだわりのチャイを提供するお店を始めた。当時、コーヒー全盛期だった日本で、チャイはカウンターカルチャーともいえる存在。［伽奈泥庵］はいろいろなスパイスを混ぜて濃厚な1杯を、［カンテ・グランデ］はスパイスを一切入れないプレーンなチャイを作った。アジアの香りがぷんぷんする店の雰囲気や店主の強烈な個性も相まって、影響力は絶大。その後、チャイとカリーのお店［ガネーシュ］（現在の和歌山［kimino's cafe]）なども生まれ、草の根のようにチャイカルチャーは広まった。

［伽奈泥庵］は2018年3月に閉店したが、創業者の山田泥庵さんの味を守る［チャイ工房］は健在。［カンテ・グランデ］は中津本店をは

じめ、現在も大阪のセントラルエリアにいくつもの店舗を構え、毎日数百杯ものチャイを提供し続けている。また、［カンテ・グランデ］から派生した、いまはなき［モンスーン・ティールーム］出身のスタッフが開いた東心斎橋の［ボタ]、谷町六丁目の［アララギ]、さらに［カンテ・グランデ］のキッチンでチャイを作り続けてきたスタッフが独立し、開いたカレー&チャイショップも大阪には数々ある。半世紀もの間、途切れることなく耕し続けられた独特のチャイの文化が大阪にあって、いまもその源流を受け継ぐ1杯が町のあちこちで味わえる。

水
250ml

アッサムまたはセイロンなどの茶葉をしっかりと色づくまで中火で煮出します。

牛乳
250ml

茶葉
10g

さらに牛乳を加えて半量（約300ml）になるくらいまで煮つめます。

大阪流！
濃い〜いチャイのできあがり。

大阪流チャイの
淹れ方

カレーのレー、カレーのルー。

文　竹村匡己

　間借り、あいがけに、いまとなっては懐かしのベンツ盛り（知ってますか？）。いろんな言葉を生み出した、関西のカレーカルチャーは、いつしか大阪スパイスカレーと呼ばれるようになってました。スパイスの入ってないカレーなんてあらへんで、というツッコミはさておき、ここまで自由に独自路線を歩んでいるのは、スゴイことだなぁと思います。しかもそれが、どこぞの代理店や企業がウシシと仕掛けたものではなくて、市井のカレー屋さん、カレー好きが「めっちゃオモロイやーん」とわちゃわちゃやってるうちに、エライところまで来てしまったという感があります。これこそが街の文化だと、地に足付いた感じがします。キーマに始まり、南インドのミールス、スリランカのギャミラサと、カレーの知識も理解も広がりました。そもそもスパイスの種類なんて、ターメリックとかクミン、クローブくらいしか知らなかったじゃないですか。カスリメティ、フェヌグリークが、普通に会話に上がってくる関西カレー文化度の高さよ！ まさにカレーカルチャー花開くという言葉がぴったりだと思います。

　さて『ミーツ・リージョナル』でも今年8月に特集した大阪スパイスカレー。いままで何度かカレーの特集をしましたが、大阪スパイスカレーに特化した特集は初めてです。まぁ、そもそも大阪スパイスカレーという言葉は10年前にはなかったのです

が。全国的にカレーのブームがきているけれども、大阪でスパイスカレーがここまで広がったのは、実は［インデアンカレー］の存在が、とっても大きいのじゃないかとも思います。しばらく食べないと渇望するという、どこか中毒性のあるアレです。ひと口目は少し甘い。でも、そのあと辛味が押し寄せてくる。そして、その奥に旨みを感じるという重層的な構造。一子相伝、他言無用のレシピ（あくまで都市伝説です）だから、その神秘性に拍車がかかっているという気もします。あの独特の味、甘いけど辛い、しかもまあまあ辛いという複雑系カレー体験の基礎がみんなにあるからこそ、一気にジャンプアップできたんじゃないかと邪推しております。ま、都市伝説のひとつとして捉えていただければ幸いです。

　ちなみにタイトルは、佐々木倫子のマンガに出てくるセリフです。大阪スパイスカレーとはまるで関係ありませぬ、あしからず。（あと私屋カヲルの『少年三白眼』に出てくる「ガラスを食べたら、とってもスパイシー」というセリフもお気に入りです）

竹村匡己　Masaki Takemura

MeetsRegional 編集長。出生は京都の伏見。保険会社を経て、京阪神エルマガジン社入社。『エルマガジン』、『サヴィ』、『リシェ』、ムックと転戦し、ミーツ編集部へ。2014年より現職。タイニーでショートカットな女の子に弱いです。

<ruby>石<rt>いし</rt></ruby><ruby>濱<rt>はま</rt></ruby><ruby>匡<rt>まさ</rt></ruby><ruby>雄<rt>だお</rt></ruby>さん

ガラムマサラの作り方

スーパーやスパイス専門店などでスパイスとともに棚に並ぶガラムマサラ。本書のレシピでも何度となく登場する。よく耳にするけれどもいったいどんなものなのか、ここでは、そのガラムマサラの入門編として、作り方、使い方を北インド発祥の弦楽器・シタールの奏者であり、ベンガル料理教室も不定期開催している石濱匡雄さんに聞いてみた。

石濱匡雄 Tadao Ishihama

シタール演奏家。15歳からシタールを習い97年渡印。師匠のもとでシタールを学び、2000年以降インドや日本でのコンサートをはじめ、最近は初のラジオ番組「シタール奏者・石濱匡雄のカレーだけじゃないインド」がMBSラジオより放送されるなど、その活動は多岐にわたる。また、不定期でベンガル料理を教える料理教室も開催。

ガラムマサラって？

ガラムマサラとは、スパイスを複数種混ぜ合わせて作るいわばミックススパイス。石濱さん曰く「ガラムマサラの使い方というのは、和食で言うところの薬味、例えば七味のように使うのが一般的」だそう。それだけではなく、調理途中に加えたり、お肉に揉み込んだりと、とにかくよく使うので、自分で作ってみるのもまた楽しい。

**なんと
13種類！**

クローブ

ブラックペッパー

フェンネル

スパイスを
そろえる

石濱家のガラムマサラは13種のスパイスを
混ぜ合わせて作る。全てホールスパイスか
ら用意。スーパーでは手に入りにくいものも
あるので、そういったときは本書の「スパイ
ス探訪」(P.98)を参照の上、材料を揃えて
欲しい。初心者なのでこんなにたくさん一
度に揃えられないと言う方は、カルダモン、
クローブ、シナモンの3種(全て同量)のスパ
イスでできる、ベンガル地方のベーシックな
ガラムマサラをどうぞ。

カルダモン

シナモン

スターアニス

ホワイトペッパー

ブラック
カルダモン

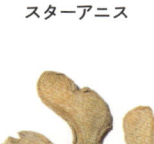
ドライジンジャー

ベイリーフ

メース

キャラウェイ

ナツメグ

分量

ナツメグ(4g程度)	1粒	ブラックペッパー	12g
シナモン	9g	ホワイトペッパー	12g
カルダモン	17g	フェンネル	5g
スターアニス	3g	ドライジンジャー	6g
メース	3g	※手に入りにくいのでパウダーでも可	
ビッグカルダモン	7g		
クローブ	7g		
キャラウェイ	12g		
ベイリーフ	3〜4枚		

ローストしよう

全ての材料をフライパンでロースト。焦げてしまわ
ないように弱火でかき混ぜながら、数分間。乾
燥しているスパイスとはいえ、水分が少しは残っ
ているので、それを飛ばす必要が。また、ロース
トすることで香りも立ってくる。ちなみに、13種類
ものスパイスを入れるのは、シャヒガラムマサ
ラとも言われ、"王様の"、"高級な"ガラムマ
サラとして取り扱われることも。

数回に分けて、少量ずつ粉砕するのが早く仕上がるコツ。急がば回れの精神で。

電動ミルで粉砕しよう

ローストできたら少し冷まして、電動ミルに入れて粉砕。電動ミルがない場合は、すり鉢でするか、ミキサーで粉砕。ただし、パワーが弱いものだと、ナツメグ、シナモンといった固いスパイスが粉砕できないので、ご注意を。全てを粉砕してパウダー上になったら香りを嗅いでみよう。一つひとつのスパイスの香りを感じられるはずだ！

Point

ナツメグなどの固いスパイスは、入れる前にハサミなどでカットするのもいい。

でできあがり！

フレッシュで、とにかく香りがとてもいい！保存はアルミ袋や瓶で。基本的に腐らないので、半年程度は使える。

ダルナ … ベンガル地方の料理名。

ガラムマサラを使ってさっそく料理をしてみよう！

できあがったガラムマサラはキーマカレーや肉のカレーの他、様々な料理に使う事ができる。仕上げとして、カレーにふりかけてもOK。さらに、日本の食材を使いこんなカレーも楽しめるので、ぜひチャレンジして欲しい。

厚揚げのダルナ

| 材 料 | >>> 4人分

厚揚げ（ひと口大）‥‥‥2丁
じゃがいも（ひと口大）‥小4つ
生姜（すりおろし）‥‥小さじ1
塩‥‥‥‥‥‥小さじ1/2
砂糖‥‥‥‥‥‥‥小さじ1

水‥‥‥‥‥‥‥‥100㎖
油‥‥‥‥‥‥‥大さじ4

パウダースパイス

ガラムマサラ‥小さじ1/2
ターメリック‥‥‥小さじ1
クミン‥‥‥‥‥‥小さじ1
チリ‥‥‥小さじ1/2〜1

| 作 り 方 |

1．パウダースパイスと生姜、水（分量外）を少し入れて混ぜ合わせペースト状にする。

2．フライパンに油と 1 を入れ中火で2分炒める。

3．水分が飛んだら弱火にし、じゃがいもを入れて蓋をする。

4．じゃがいもに火が通ったら、厚揚げを加えて絡める。

5．塩、砂糖、水を入れて再び蓋をして10分ほど待って、できあがり。お好みで塩加減を調整し、とろみを出したい場合は少しジャガイモを潰してもおいしい。

● eoラインナップ

関西のスパイスカレー YouTube

「スパイスカリー大陸」、「Columbia8」の人気の
カリスマ料理人がスパイスカレーのマル秘テク
ニックを惜しげもなく伝授！

**関西グルメ情報も豊富に発信中！
eo光チャンネルへ**

eo光チャンネルは eo光テレビで放送中の関西の
地域情報専門チャンネルです。

CURRY SHOP LIST

―――――――――――（ 大阪 ）―――――――――――

あ

アアベルカレー
ああべるかれー
→ P.12

◎大阪市西区九条 1 - 25 - 9 フジイエステートビル 3F
◎非公開
◷12：00 ～ 15：00（LO14：30）
㊡月・土・日曜、祝日

か

ガネーシュ N
がねーしゅ えぬ
→ P.56

◎大阪市北区天神橋 1 - 10 - 18
☎080 - 3888 - 6868
◷11：30～16：00（売り切れ次第終了）
㊡月・水曜 & 不定休

カレーちゃん家
かれーちゃんち
→ P.14

◎大阪市生野区林寺 1 - 5 - 33　◎非公開
◷12：00 ～ 13：30（LO）、18：00 ～ 22：00（LO）
　日曜、祝日 12：00 ～ 14：30（LO）
㊡月曜 & 不定休
Ⓟhttp://currychan.web.fc2.com/

curry家 Ghar
かれーや がる
→ P.70

◎大阪市西区京町堀 1 - 9 - 10 - 103
☎06 - 6443 - 6295
◷11：30 ～ 14：30（LO）
㊡不定休
Ⓟhttp://ghar-curry.com/

きたかぜと
たいよう
→ P.60

2019 年 5 月 30 日閉店
「メニューに磨きをかけて、新たな土地での開店
を計画中です！」（店主・大野さん）
最新情報はフェイスブックからチェック！
https://www.facebook.com/taiyou137/

旧ヤム邸
中之島洋館
きゅうやむてい
→ P.30

◎大阪市北区中之島 3 - 6 - 32 ダイビル本館 2F
☎06 - 6136 - 6600　◷11：15 ～ 15：30（LO15：00）
　18：00～22：00（LO20：00）
　※ディナー は完全予約制　㊡日曜、祝日
Ⓟhttp://kyuyamutei.web.fc2.com/

Columbia 8
ころんびあえいと
→ P.74

◎大阪市中央区道修町 1 - 3 - 3 エビス道修町ビル 2F
☎06 - 6203 - 7788
◷11：00 ～ 15：00　土曜 12：00 ～ 17：00
㊡日曜、祝日
Ⓟhttp://columbia8.info/

さ

スパイスカリー
大陸
すぱいすかりーたいりく
→ P.16

◎大阪市福島区福島 2 - 9 - 23
☎06 - 7508 - 1508
◷12：00～21：00（LO20：30）
　土・日曜、祝日 12：00～17：00（LO16：30）
㊡不定休

スパイスカリーて
すぱいすかりーて
→ P.26

◎大阪市中央区南船場 3 - 1 - 16 日宝ラッキー
　ビル 2F　◎非公開
◷11：30 ～15：30、18：30～21：00（売り切れ次
　第終了）　㊡月曜 & 不定休
Ⓟhttp://spice-curry-te.com/

スパイスカレー まるせ
すぱいすかれーまるせ

→ P.22

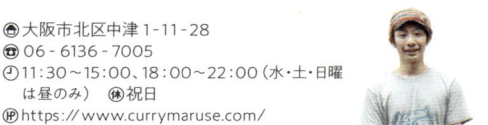

◎ 大阪市北区中津 1 - 11 - 28
☎ 06 - 6136 - 7005
🕐 11：30〜15：00、18：00〜22：00（水・土・日曜は昼のみ）　㊡ 祝日
🅟 https://www.currymaruse.com/

SPICE CURRY 43
すぱいすかれーよんじゅうさん

→ P.66

◎ 大阪市西区靱本町 2 - 5 - 2
☎ 090 - 3828 - 4343
🕐 11：30〜17：00（LO16：45）
㊡ 月・第 1 第 3 火曜

スパイスサロン バビルの塔
すぱいすさろん ばびるのとう

→ P.64

◎ 大阪市北区黒崎町 8 - 5
☎ 06 - 6467 - 8454
🕐 11：30〜15：00、18：00〜22：30
　金・土曜 〜23：00　日曜 11：30〜19：00
㊡ 月曜

スパイス立呑みカレー ベジン
すぱいすたちのみかれーべじん

→ P.86

◎ 大阪市中央区難波千日前 1 - 22
　日宝河原町会館 2 F
☎ 090 - 4371 - 4357
🕐 17：00〜23：00
㊡ 月・日曜、祝日

すりらんかごはん ハルカリ
すりらんかごはん はるかり

→ P.40

2019 年 5 月 5 日閉店
「また復活します！ 楽しみにしていてください」
（店主・朝見さん）
最新情報はツイッターからチェック！
https://twitter.com/goofyplush

創作カレー ツキノワ
そうさくかれー つきのわ

→ P.72

◎ 大阪市中央区南久宝寺 1 - 1 - 3KT 船場ビル 2F
☎ 06 - 6265 - 8336
🕐 11：00〜16：00（LO15：30）
㊡ 不定休

SOMA
そーま

→ P.52

◎ 大阪市北区中津 3 - 18 - 2
☎ 06 - 7503 - 8217
🕐 12：00〜15：00（売り切れ次第終了）
㊡ 金・日曜 & 不定休
🅟 http://spicecurrysoma.blogspot.com/

た

ダルバート食堂
だるばーとしょくどう

→ P.20

◎ 大阪市中央区内久宝寺町 3 - 3 - 16
☎ 06 - 6770 - 5726　🕐 11：30〜16：00（LO15：30）、18：00〜21：00（LO）
㊡ 火曜 & 不定休
🅟 http://dalbhat-shokudo.com/

定食堂 金剛石
ていしょくどう こんごうせき

→ P.58

◎ 大阪市中央区瓦屋町 1 - 8 - 25 ハイツ松屋町 1F
☎ 06 - 7174 - 2578
🕐 11：30〜14：00、18：30〜21：00
　火曜 11：30〜16：00
㊡ 水曜

な

虹の仏
にじのほとけ

→ P.18

◎ 大阪市天王寺区四天王寺 1 - 12 - 23
☎ 06 - 6777 - 4662　🕐 月・日曜、祝日 11：30〜14：00
　火・水曜 11：30〜14：00、18：00〜21：00
　金・土曜 11：30〜14：00、18：30〜21：00
㊡ 木曜

ニタカリバンチャ
にたかりばんちゃ
→ P.34

◉ 大阪市中央区内淡路町 2 - 2 - 1 木村ビル1F
☎ 090 - 3031 - 9912
🕐 11 : 30 ～ 16 : 00
㊡ 日曜、祝日

ノムソンカリー
のむそんかりー
→ P.62

◉ 大阪市浪速区日本橋東 1 - 11 - 2
☎ 06 - 4393 - 8605
🕐 11 : 30 ～ 16 : 00
㊡ 月曜 & 不定休

ハマカレー
はまかれー
→ P.84

◉ 大阪市西区北堀江 1 - 21 - 12
☎ 非公開　🕐 19 : 00 ～（月 3 回火曜営業）
㊡ 月・水 ～ 日曜
🏠 https : // twitter.com/curryhama
　　※オープン日は、twitter で確認を

は

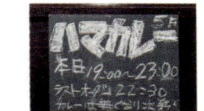

はらいそ Sparkle
はらいそすぱーくる
→ P.22

◉ 大阪市西区江戸堀1 - 9 - 13 肥後橋双葉ビル2F
☎ 06 - 6448 - 0234
🕐 月曜 ～ 木曜 11 : 30 ～ 15 : 00、18 : 00 ～ 22 : 00
　 金曜 ～ 23 : 00　土曜 ～ 15 : 00
㊡ 日曜、祝日

バガワーンカレー
ばがわーんかれー
→ P.85

◉ 大阪市中央区東心斎橋 1 - 15 - 1
　 ふぁみ～ゆ東心斎橋Ⅴ 7F
☎ 非公開　🕐 土曜9 : 00 ～15 : 00（売り切れ
次第終了）、日曜 9 : 00 ～売り切れ次第終了
㊡ 平日

バンブルビー
ばんぶるびー
→ P.54

◉ 大阪市西区西本町 1 - 14 - 2 住吉ビル1F
☎ 06 - 6534 - 0894
🕐 11 : 00 ～16 : 00
㊡ 月・日曜
🏠 https : // www.bumblebee2006.com/

ボタ
ぼた
→ P.44

◉ 大阪市中央区東心斎橋 1 - 8 - 20
☎ 06 - 6241 - 5273
🕐 12 : 00 ～16 : 00、18 : 00 ～23 : 30
㊡ 水曜
🏠 https : // www.buttah.net/top.html

ボタニカリー
ぼたにかりー
→ P.87

◉ 大阪市中央区瓦町 4 - 5 - 3 日宝西本町ビル1F
☎ 電話なし
🕐 11 : 00 ～16 : 00
㊡ 日曜&不定休
🏠 http : // botanicurry.com/

ポンガラカレー
ぽんがらかれー
→ P.46

◉ 大阪市北区角田町8 - 47
☎ 06 - 4792 - 8229
🕐 11 : 00 ～22 : 00
㊡ 無休
🏠 http : // www.pongalacurry.com/

梵平
ぼんぺい
→ P.36

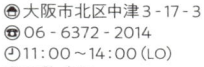

◉ 大阪市北区中津 3 - 17 - 3
☎ 06 - 6372 - 2014
🕐 11 : 00 ～14 : 00（LO）
㊡ 日曜、祝日

ま

Mr. samosa
みすた一さもさ

→ P.32

◎ 大阪市中央区道修町 1 - 1 - 6
☎ 06 - 6575 - 7876
🕙 11 : 30 ～ 21 : 00
㊒ 火曜

や

Yatara spice
やたらすぱいす

→ P.10

◎ 大阪市大正区三軒家東 1 - 2 - 5 2F
☎ 06 - 7502 - 5990
🕙 11 : 30 ～ 14 : 30（LO）、18 : 00 ～ 21 : 30（LO）
土曜 12 : 00 ～ 16 : 00（LO）
㊒ 日曜 & 不定休

ヤドカリ食堂
やどかりしょくどう

→ P.38

2020 年 4 月中旬頃 [酒 ヤドカリ食堂] として
移転オープン
大阪市北区天神橋 4 - 2 - 19
「天満に移転し、お酒に合うメニューをさらに充実
させます!」(店主・岡見さん)

ら

ライス & カリー
ラーマ
ら一ま

→ P.84

◎ 大阪市西区土佐堀 2 - 3 - 23 板東ビル 2F
☎ 090 - 8533 - 1211
🕙 平日 11 : 30 ～ 15 : 00（LO）
土・日曜、祝日 12 : 00 ～ 16 : 00（LO）
㊒ 水曜 & 不定休

（ 神戸 ）

か

カレー料理店
ヒンホイ
かれーりょうりてん ひんほい

→ P.24

◎ 神戸市中央区下手山通 5 - 8 - 14 山手ダイヤ
ハイツ 6 号 2F　☎ 078 - 382 - 0073
🕙 8 : 30 ～ 15 : 30、17 : 30 ～ 21 : 30
土・日曜 8 : 30 ～ 21 : 30
㊒ 金曜 & 第 3 木曜の夜

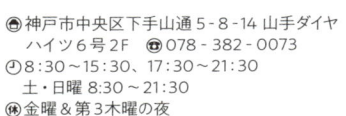

ら

六甲山系ピカソ
ろっこうさんけいぴかそ

→ P.42

◎ 神戸市内にて移動販売
☎ 非公開　🕙 11 : 30 ～ 13 : 00
㊒ 不定休
🌐 https://ja-jp.facebook.com/rokkopicasso/
※ 販売場所は Facebook で確認を

わ

ワンダカレー店
わんだかれーてん

→ P.48

◎ 神戸市垂水区塩屋町 3 - 9 - 18
☎ 078 - 753 - 3443
🕙 11 : 30 ～ 15 : 30、17 : 30 ～ 22 : 00
㊒ 火曜

（ 京都 ）

さ

森林食堂
しんりんしょくどう

→ P.28

◎ 京都市中京区西ノ京内畑町 24 - 4
☎ 075 - 202 - 6665
🕙 11 : 30 ～ 15 : 00（LO14 : 30）、
18 : 00 ～ 22 : 00（LO21 : 00）　㊒ 不定休
🌐 https:// shinrin-syokudo.com/

関西の
スパイスカレーのつくりかた

2018年12月13日　初版発行
2022年4月27日　第3版1刷発行

著者　株式会社オプテージ

制作監修　株式会社オプテージ
企　　画　LLCインセクツ
編　　集　松村貴樹
　　　　　中 三加子　中村悠介　三浦愛美
編集補助　岡本友紀　谷本菜月　宮ノ原 幸佑　山田美法
デザイン　掛川千秋
撮　　影　レシピ　　　わたなべよしこ
　　　　　カルチャー　佐伯慎亮　西島渚　米田真也

発 行 人　松村貴樹
発行・販売　LLCインセクツ
　　　　　大阪市西区京町堀 2 - 3 - 1 パークビュー京町堀 2F
　　　　　06 - 6773 - 9881
印刷・製本　中央精版印刷株式会社